POURQUOI
JE CROIS A BERGUILLE!...

RÉPONSE AU *ROSIER DE MARIE*
ET A M. V. DE PORTETS

Par CHARLES CHAULIAC
(CLAUCHAI LARSENAL)

> « La Charité, qui ne doit être ni
> quinteuse, ni hargneuse, ne peut
> être, chez l'homme qui milite, ni
> patience, ni douceur à outrance,
> et il ne lui appartient pas d'être
> bêtise.... J'abats donc, au besoin,
> l'oreille de Malchus... Malchus est
> si provoquant, et l'une de ses deux
> oreilles est si longue. »
>
> (GOUGENOT DES MOUSSEAUX.)

BORDEAUX

CHEZ L. CODERC,
Imprimeur-Libraire,
Rue du Pas-Saint-Georges, 28.

CHEZ FÉRET & FILS,
Libraires éditeurs,
Cours de l'Intendance, 15.
Et chez les principaux Libraires.

Novembre 1874

PROPRIÉTÉ

POURQUOI
JE CROIS A BERGUILLE!....

RÉPONSE
Au ROSIER DE MARIE et à M. V. de PORTETS

> « La Charité, qui ne doit être ni
> quinteuse, ni hargneuse, ne peut
> être, chez l'homme qui milite, ni
> patience, ni douceur à outrance,
> et il ne lui appartient pas d'être
> bêtise... J'abats donc, au besoin,
> l'oreille de Malchus... Malchus est
> si provoquant, et l'une de ses
> deux oreilles est si longue. »
>
> (GOUGENOT DES MOUSSEAUX)

I

UNE QUESTION DE CONVENANCE

Lorsqu'un procès doit être plaidé devant un Tribunal français, une coutume constante, dont l'origine remonte évidemment à la vieille courtoisie gauloise, et aussi, disons-le, à ce sentiment inné chez tous qu'il faut apporter de la bonne foi dans la discussion, oblige les parties à envoyer à leur adversaire la communication des dossiers.

— Nul ne déroge ordinairement à cet usage.

Le procès de Berguille s'instruit actuellement devant l'opinion publique en France. — De nombreux avocats se sont levés pour déclarer *d'une façon catégorique* que le Bon Dieu se manifeste clairement à Fontet ; seul, nous avons pris *un peu* (c'est notre expression) le parti du diable et nous avons voulu attirer l'attention sur ce danger.

Notre devoir était de prévenir immédiatement nos adversaires. — Nous le savions, et nous n'y avons pas manqué.

Nous nous sommes empressé d'adresser au R. P. de Bray une lettre à ce sujet, avant même la publication de notre travail : puis, au moment où notre brochure voyait le jour, nous en avons expédié un exemplaire à *M. de Portets à Agen*, au bureau même du journal qui avait accueilli les lettres auxquelles nous répondions.

L'avocat de Berguille a répliqué, et nous étions en droit d'attendre l'envoi de la réplique. — M. de Portets n'a pas cru devoir se soumettre à cette loi de courtoisie universellement respectée, et c'est le hasard qui nous a mis en présence de la brochure que nous venons aujourd'hui combattre.

Nous n'avons pas été seul frappé par l'étrangeté de ce procédé ; M. de Portets en a lui-même compris l'inconvenance ; et désireux de s'excuser, il a publié à la dernière page de sa troisième brochure un avis à ses amis les prévenant que de nombreuses lettres qui lui étaient adressées ne lui sont pas parvenues.

Cet avis, qui n'a aucune raison de servir ainsi de conclusion à son travail, ne peut être qu'une excuse banale, pour nous dire plus tard que notre opuscule ne lui a pas été adressé par nous.

Mais, *M. de Portets connaît trop bien la ponctualité du service de la Poste en France*, pour avoir pu songer un instant à faire croire que notre envoi se soit égaré : Nous pensons qu'au lieu d'initier le public à ce détail, il eut mieux fait, si réellement la chose a eu lieu, d'adresser une requête *à M. le Receveur des Postes de sa commune*, lequel aurait évidemment fait des recherches sérieuses pour retrouver les lettres égarées et qui, nous en sommes persuadé, serait promptement parvenu à les faire remettre à leur destinataire.

II

Obligé de défendre notre travail contre M. Deville, contre *le Rosier de Marie* et contre M. de Portets, notre intention n'est point d'adopter le ton que ces Messieurs ont pris contre nous d'un commun accord.

Nous ne sommes pas accoutumé à manier l'insulte et la diatribe, et nous estimons que des arguments sérieux ont une valeur bien plus considérable que des injures ou des grossièretés.

Toute notre préoccupation est donc de mettre le plus possible le présent travail en harmonie avec le précepte du sage : *Vince te ipsum;* et si parfois nous nous sommes peut-être, un peu malgré nous départi de cette règle de conduite, le lecteur voudra bien se souvenir de l'inconvenance de l'attaque pour excuser la vivacité de la riposte.

Rien au fond ne pouvait nous être plus agréable et plus utile pour défendre notre thèse que les outrages du *Rosier de Marie* ou de M. de Portets.

Nul, en effet, n'avait réclamé contre la prétention singulière de ceux qui n'ont pas craint d'affirmer comme incontestablement divins les faits de Fontet ; mais, dès qu'une voix s'élève pour recommander simplement de se prononcer moins vite, parce que l'Esprit mauvais pourrait bien avoir sa part dans toutes ces manifestations, on n'a pas d'expressions assez fortes pour flétrir sa témérité.

Tout cela sent terriblement celui qui ne redoute rien tant que la lumière, et qui a été si bien nommé *l'esprit de ténèbres*.

Ceux qu'il fascine sont comme lui, ils ne peuvent pas supporter qu'on se permette d'examiner leurs affirmations; ils veulent être crus sur parole; le « *Rationabile sit obsequium vestrum* » de l'Esprit-Saint n'est pas pour eux.

M. de Portets nous permettra de lui dire que ce

caractère se retrouve dans toutes les erreurs. — La sincérité qui se trompe se rend. — La mauvaise foi ergote et nie. — La vérité seule peut supporter l'examen et l'appelle même, parce que plus on l'étudie, plus elle apparait belle et radieuse; tandis que l'examen dissipe l'erreur, comme les ténèbres se dissipent aux rayons du soleil.

**

En nous accablant d'injures grossières, et en se servant vis-à-vis de nous d'épithètes malsonnantes, que nous sommes surpris de trouver sous la plume d'un homme du monde, M. de Portets a plus travaillé que nous-même en faveur de la cause que nous soutenons.

L'apparition de Fontet l'a bien mal inspiré!

Quant une épreuve s'abat sur un mystique, lorsque ses révélations sont contestées, niées même, une règle de prudence veut qu'il laisse faire, et qu'il attende son triomphe avec patience.

La vérité finit toujours par être connue; et les Saints n'ont injurié personne, quant on a élevé des doutes sur leurs visions.

M. de Portets déploie dans son travail trop de ressentiments haineux contre nous pour que nous puissions croire à une bonne influence sur lui de *Notre-Dame de Fontet*.

III

Notre pauvre p[etite] *Étude sur Berguille et Louise Lateau* a eu le don de déplaire souverainement aux partisans du Surnaturel Divin dans le cas de Fontet, et ils ne se sont pas fait faute de la défigurer en l'attaquant.

Nous venons donc rétablir sa physionomie véritable que nos adversaires ont à dessein indignement travestie.

**

Jusqu'à ce jour, huit brochures, croyons-nous, y compris la présente, ont paru pour entretenir le public des événements étranges de Fontet.

La première fut imprimée . Bazas sans nom d'auteur. — La deuxième fut l'œuvre d'un inconnu — d'autres disent d'une inconnue — sous le pseudonyme de C. Ferrand ; puis parurent deux premières séries de lettres signées également d'un pseudonyme (de Portets) auxquelles nous avons répondu.

Entre temps, on publiait sous le titre ronflant :

La résurrection de la France et le châtiment de la Prusse prédits par Marie à Fontet,

un travail dont nous ne nous occuperons pas ; ce n'est qu'une pâle copie et une reproduction presque textuelle d'une partie des brochures de M. de Portets. — Ce qu'en termes de journaliste, on pourrait nommer *un gigantesque coup de ciseau.*

Puis enfin, vint la troisième série des lettres de M. de Portets. — C'est celle qui nous oblige à la présente réplique.

Suivant en cela les errements de tous nos devanciers, nous avons pris un pseudonyme pour publier notre premier travail.

Le *Rosier de Marie* du 22 Août, sans s'apercevoir que ses amis nous avaient donné l'exemple, et que nous étions le dernier venu dans la lutte, nous reproche par la plume de M. Deville d'avoir couvert notre visage d'un masque pour attaquer plus sûrement. — Nous pensions être dans notre droit en agissant comme nos adversaires. — Ces Messieurs paraissent en douter. — Nous venons aujourd'hui combattre visière levée. — Que les champions de Berguillo en fassent autant,

IV

Si nous voulions faire une analyse succincte des diverses brochures publiées sur Fontet, nous pourrions les représenter ici toutes, résumées d'une façon parfaite sous ce signe admiratif.

!

La nôtre n'était qu'un doute et une interrogation en réponse.

Nous avions donné les raisons qui militent en faveur du Surnaturel Divin et celles qui pourraient faire croire à une intervention diabolique. Puis, laissant à chacun son libre arbitre, en attendant la décision souveraine de l'Eglise, et chargeant nos lecteurs eux-mêmes de conclure — *in dubiis libertas* — nous nous contentions de faire des vœux ardents pour voir l'autorité ecclésiastique se prononcer d'une façon absolue, et nous déclarions d'avance accepter sa décision comme conclusion de notre travail.

Nous n'allions donc pas au-delà d'un point d'interrogation ; et si dans la présente réponse nous accentuons davantage nos arguments en faveur du diable, c'est que la première partie de notre brochure, celle qui traitait du Surnaturel Divin, n'a trouvé que des approbateurs et que nous n'avons à défendre ici que les raisons données par nous en faveur d'une intervention du démon.

Mais que le lecteur ne s'y trompe pas. Malgré la conduite des tenants du Divin à Fontet, leur colère de voir le fait mis à l'étude, les injures qu'ils décochent à leurs adversaires, toutes choses qui sont une grave présomption en faveur du démon, nous continuons à penser que rien jusqu'ici n'autorise à décider en faveur du Surnaturel Divin, ni de l'extra-naturel diabolique.

M. de Portets cherche à faire croire à ses lecteurs qu'il n'a pas compris le sens de notre travail. Il est vrai qu'il a pour le soutenir des alliés de la force de M. Pillon, rédacteur en chef du *Rosier de Marie !*

Décidé à répondre tout d'abord à M. Pillon et à M. Deville, afin de nous expliquer ensuite avec M. de Portets, nous allons initier nos lecteurs à la petite guerre qui s'est établie dans le *Rosier de Marie* entre son directeur aidé de M. Deville, d'une part, et notre humble personne d'autre part.

Nos lecteurs voudront bien constater le désaccord complet existant entre les deux lettres successives de M. Deville, et sa retraite piteuse quand nous l'avons mis au pied du mur.

V

La première objection de M. Pillon est vraiment plaisante et ne sent pas mal la mauvaise cause.

Dans un article qui a la prétention d'être logique et même savant, il ne trouve pas mauvais que des laïques aient pris la plume pour chercher à prôner le fait de Fontet comme incontestablement Divin ; mais comme un autre laïque veut se permettre d'émettre non pas une opinion assise, mais seulement un doute sérieux, il est réputé imprudent !

Tout cela sent le libéralisme, Monsieur le Rédacteur ; c'est l'application à votre cause de la fameuse maxime républicaine : *Liberté pour tous*, EXCEPTÉ POUR NOS ADVERSAIRES.

Et quoique nous n'ayons l'honneur d'être ni théologien, ni docteur en droit, *pas même préfet des classes* dans *le moindre Petit-Séminaire*, nous avons encore l'*outrecuidance*, pour nous servir de l'*expression aimable de* M. *de Portets*, de vouloir nous faire une opinion qui ne nous soit imposée ni par les lettres que publie l'*Union du Sud-Ouest*, ni même par les longues et cotonneuses dissertations du *Rosier de Marie*.

Mgr Pillon s'est, dit-il, senti froissé par quelques mots de notre brochure.

Nous n'avions pas dit grand chose de lui pourtant !

Que n'a-t-il répondu à la lettre si sage que Mgr Dupanloup a publiée à la date du 23 mars dernier, lettre dans laquelle quelques mots peu admiratifs ont été réservés au *Rosier de Marie* ? (*Voir ladite lettre imprimée chez Douniol, à Paris*, 1874, *et ledit paragraphe à la page* 25.) Il avait là une occasion toute naturelle de faire de la polémique. Mais il a jugé sans doute, et avec raison, que Mgr d'Orléans est un lutteur avec lequel il n'y avait pas lieu pour lui de se mesurer.

Quoi qu'il en soit, Mr Pillon nous a consacré deux très-longs articles dans les numéros de son journal des 15 et 29 août dernier. Malheureusement, les bornes de notre travail nous interdisent de les publier ici, quelque envie que nous en ayons.

Le journal du 22 août contenait également, à notre adresse, deux colonnes d'injures émanant de la plume de M. Deville.

Nos lecteurs non abonnés au *Rosier de Marie* ne nous pardonneraient pas de les priver de cet échantillon du style gracieux de M. Deville.

Voici la lettre que reproduisait le *Rosier de Marie* :

Toulouse, le 15 août 1874.

« MONSEIGNEUR ,

» Je viens de lire la brochure intitulée : *Berguille et Louise Lateau*, et ai pu apprécier à leur juste valeur les paroles malveillantes de l'auteur pseudonyme sur le *Rosier de Marie*; j'y trouve aussi des assertions erronées sur mon compte, et viens vous prier de vouloir bien accorder l'hospitalité de votre journal à ma juste réclamation.

» Trop souvent l'écrivain qui travestit son nom use de de ce procédé, afin de se procurer plus de latitude pour enfreindre la vérité et calomnier plus ou moins subtilement; c'est ainsi que M. Clauchai trouve moyen de déverser sa quotepart de dérision sur un prêtre vénérable, persécuté et douloureusement alité depuis plus d'un mois. Il faut avouer que le moment est délicatement choisi par M. Clauchai pour faire croire à ses lecteurs que le bon et noble prêtre qu'il traîne ainsi sur la sellette est responsable de ce qui se dit à Fontet, alors qu'il s'en préoccupe aussi peu que moi. — J'espère que la conscience catholique du pseudonyme écrivain regrettera un jour son méfait, quand la vérité se fera au sujet de l'ami que je vénère autant que je l'aime; malgré mon désir et certains moyens puissants de le défendre, je suis obligé de passer outre pour ne pas accroître par un débat public les douleurs si multipliées et si vives qui l'atteignent; puisse aussi cette déplorable agression être la dernière et constituer alors le fameux coup de pied si justement caractérisé par le bon Lafontaine. J'en viens donc à ce qui me concerne directement, et me contenterai de réfuter deux points seulement : Je trouve dans l'opuscule Clauchai, page 51 : *Nous ne voulons point discuter ici les lettres de M. Deville que M. de Portets a introduites dans sa brochure*. Or, je ne connais nullement M. de Portets et ne lui ai jamais écrit une ligne; qu'est-ce donc que ces lettres dont parle M. Clauchai? je ne puis y voir qu'une invention de sa trop pétulante imagination pour les besoins de sa cause et pour se donner l'air magnanime et grotesque de ne pas daigner les réfuter.

« Tout ce que j'ai lu dans l'opuscule de M. de Portets se borne à une petite circulaire qu'il y a insérée à mon insu, *et que je fis imprimer le 8 décembre 1872*, c'est-à-dire six mois avant qu'il fût question de Fontet. Or, M. Clauchai s'en sert tout de même pour faire croire à une connexion de rapports entre M. de Portets que je ne connais pas et Berguille que je n'ai jamais vue; il s'en sert aussi avec une élasticité plus ou moins consciencieuse pour m'attribuer devant ses lecteurs des opinions bien opposées à celles qui me sont personnelles relativement aux événements de Fontet et à certaines prédictions d'avenir.—C'est donc un faux témoignage que M. Clauchai se permet sur mon compte, en enfreignant ainsi le huitième commandement de Dieu.

» Plus loin, l'auteur pseudonyme avance, avec un air par trop dégagé, que les quelques révélations contenues dans ma circulaire ont dû être inventées pour la circonstance, parce qu'on ne les avait pas fait connaître avant cette époque.

» Je puis, sans hésiter, répondre à M. Clauchai qu'ayant suivi pendant trente ans une carrière publique, honorable et considérée, ma parole a une valeur que la sienne est encore bien loin d'avoir acquise. Or, j'affirme sur l'honneur que le manuscrit contenant les révélations susdites m'a été confié plusieurs années avant 1872; je puis affirmer encore que quelques années avant que j'en eusse pris moi-même connaissance, ces révélations avaient été confidentiellement communiquées à plusieurs membres du haut clergé de France et de Rome.

» Je pourrais rectifier encore ici quelques irrégularités aventureuses de la susdite brochure, mais je ne me sens guère enclin à amuser le public aux dépens même d'un pseudonyme ; d'autant plus que des compatriotes de M. Clauchai m'assurent qu'il est habituellement modéré, et qu'il a dû emprunter son petit fonds de malice bordelaise dans la rue Margaux [1].

» Veuillez, Monseigneur, agréer les hommages respectueux et reconnaissants de votre très-humble et tout dévoué serviteur.

» E. DEVILLE. »

Cette publication, mise sous nos yeux par une personne *charitable* de Bordeaux, nous obligea à faire remettre le 4 septembre, au journal de Mʳ Pillon, les quelques lignes suivantes :

---

[1] M. Deville désigne ici les RR. PP. Jésuites de la Maison de Bordeaux, laquelle est établie rue Margaux.

« Paris, 4 septembre 1874.

» Monseigneur,

» Une âme charitable (il s'en trouve encore quelquefois) me communique les numéros des 15 et 22 août du journal le *Rosier de Marie*, que je ne lis pas habituellement.

» J'y trouve, avec une critique de la brochure que je viens de publier, critique très-légitime, du reste, de votre part, diverses assertions erronées qu'il est de mon devoir, *et au besoin de mon droit*, de relever dans le journal même où elles se sont produites. Je viens donc vous prier, et s'il y a lieu vous requérir, de vouloir bien insérer la présente note dans votre plus prochain numéro.

» Je serai aussi bref que possible afin de ne pas encombrer vos colonnes, et je répondrai en une seule fois, et une fois pour toutes, à la lettre de M. Deville et à votre propre article.

» Tout d'abord, je pourrais, mon acte de naissance à la main, vous prouver que vous auriez été plus près de la vérité en me donnant une quarantaine d'années au lieu d'une trentaine; mais la chose a si peu d'importance que je ne m'en occupe pas. — Permettez-moi aussi d'admirer la subtilité avec laquelle vous cherchez à dégager la responsabilité de votre feuille par rapport aux articles qu'elle publie, et surtout la précaution prise pour le cas où les prophéties de Berguille viendraient à ne pas se réaliser, précaution résultant de l'admirable avant-dernier paragraphe de votre article du 15 août.

» Vous êtes surpris, Monseigneur, de voir un laïque traiter des questions théologiques, et au risque de porter un jugement téméraire, vous déclarez, sans le savoir, qu'il n'a jamais étudié les matières qu'il aborde. Je suis désolé d'être obligé de vous dire que vous êtes, sur ce dernier point encore, dans une erreur profonde.

» Quant à M. Deville, qui croit avoir détruit nos arguments par deux colonnes d'injures, qui se congestionne en lisant mes quelques pages et qui, en rappelant à mon sujet le fameux coup de pied cité par le bon La Fontaine, a peut-être quelque peu montré le bout de l'oreille, voici ce que je puis lui dire pour le moment :

» Et d'abord, pour répondre à son semblant d'argumentation, j'ai la prétention de croire que ma parole vaut la sienne, quoi qu'il en pense, et qu'il est puéril de faire dépendre, comme il l'avance, l'honorabilité des personnes de leur plus ou mois grand nombre d'années.

» M. Deville joue habilement sur les mots quand il dit qu'il ne connaît pas M. de Portets, et qu'il ne *lui* a jamais écrit une ligne. Je l'engage à me relire avec moins d'émotion, et il verra que je parle de lettres de lui insérées dans la brochure de M. de Portets, deuxième série, page 46, et non pas de lettres écrites *par lui à M. de Portets*, ce qui est bien différent. *Son imagination à lui-même n'a-t-elle pas conservé ici quelque pétulance, malgré son grand âge?* et ne se souvient-il plus d'avoir, dans le temps, publié des lettres sur le Révérend Père de Bray? Par suite, en me rappelant au respect du huitième commandement, n'y manque-t-il pas gravement lui-même? ou bien sa mémoire affaiblie lui fait-elle définitivement défaut?

» M. Deville nous affirme que la prophétie relative à la retraite du Père de Bray, de la Compagnie de Jésus, a été communiquée, quelques années avant 1872 à plusieurs membres du haut clergé de France et de Rome; — pour dégager sa responsabilité, ne pourrait-il pas nous faire connaître quelques-uns de ces heureux confidents? Ce serait une pièce importante au procès. Son silence sur ce point capital serait difficile à expliquer, à moins qu'il n'ait pour but de ménager le Père de Bray qui, entrant dans une Compagnie où il jure de demeurer jusqu'à la mort, sait d'avance, par un avertissement du ciel, que dans treize ans il doit manquer à son serment.

» En ce qui touche mes attaques au Père de Bray, malade en ce moment, M. Deville n'a qu'à lire dans la deuxième ou la troisième édition de ma brochure la lettre adressée par moi au Père de Bray, et la réponse reçue de ce dernier, pour se convaincre de la légèreté de son accusation, que je suis tout surpris de trouver sous la plume de M. Deville, naguère et peut-être encore secrétaire du Révérend Père de Bray. »

Enfin, je déclare formellement (et bien que je ne sois pas octogénaire, M. Deville me fera, je l'espère, l'honneur de me croire) que je n'ai pas emprunté ce qu'il appelle mon petit fond de malice bordelaise dans la rue Margaux [1].

Si ma brochure contient réellement autre chose qu'un grand amour de la vérité, ce dont je serais très-surpris, j'en revendique toute la responsabilité. Mais on ne s'explique pas sans peine le motif de cette réfléxion de M. Deville. Aurait-il des raisons de croire que tous ceux qui habitent cette rue Margaux ne prennent pas au sérieux ce qu'il écrit?

C'est son affaire. — Mais ce que j'affirme sur l'honneur, c'est que la brochure est mon œuvre personnelle, que j'en prends seul la responsabilité et que pas une des personnes dont la pensée importune si grandement M. Deville n'a eu connaissance de mon travail avant son impression.

En terminant cette trop longue rectification, je dois engager charitablement M. Deville, comme je l'ai déjà fait vis-à-vis d'une personne qui s'était oubliée, à lire et à étudier de nouveau avec soin la petite brochure du *Manuel de la Politesse*. — C'est une étude qui lui profitera à coup-sûr, car son grand âge est la seule excuse que j'admette pour en avoir si étrangement oublié les règles élémentaires dans sa lettre du 15 août.

Votre loyauté, M. le rédacteur, m'est un garant que la présente lettre sera insérée intégralement dans votre journal, sans que je me voie forcé d'en requérir légalement la publication.

Veuillez agréer, etc., etc.

CLAUCHAI LARSENAL.

Ces lignes furent publiées dans le numéro du 19 Septembre, un peu avant les annonces de la fameuse Société de pantographie voltaïque qui occasionna, il y a quelques années, une mémorable querelle entre M. Pillon et Mgr l'Évêque de Beauvais.

[1] Il s'agit ici des RR. PP. Jésuites de la rue Margaux. (*Voir* p. 12.)

M. Deville, après quelques jours de réflexion, répliqua les mots suivants dans le numéro du 3 Octobre.

« Toulouse, 20 Septembre 1874.

» Monseigneur,

» Je viens vous prier de vouloir bien accueillir une très-courte réplique à la lettre de M. Larsenal.

» Je n'oublierai pas qu'un journal sérieux et recommandable comme le vôtre ne peut accepter qu'une polémique courtoise et bienséante.

» Une fois pour toutes, *je déclare de nouveau à M. Clauchai que je n'ai jamais, à aucune époque, publié de lettres sur le P. de Bray;* et là où il croit avoir découvert de la subtilité de ma part, il n'y a tout simplement que de la franchise.

» Les profondes études théologiques de M. Larsenal ne me paraissent pas une raison suffisante pour condescendre à son désir de connaître les noms des hauts dignitaires du clergé à qui furent communiquées, dès le principe, les révélations sur l'Œuvre de Notre-Dame-des-Anges.

» Au tout, je maintiens toutes mes assertions, parce qu'elles me paraissent suffisamment basées, et la meilleure preuve, c'est que la susceptibilité de M. Larsenal a cru reconnaître des injures là où il n'y avait pourtant que des vérités.

» Veuillez, Monseigneur, excuser mon importunité et agréer la respectueuse reconnaissance de votre très-humble serviteur. E. DEVILLE. »

Nous étions alors à l'étranger, et ce n'est qu'à notre rentrée en France que nous pûmes avoir connaissance de sa lettre.

Il fuyait le débat, et maintenait mollement ses assertions.

De plus, revenant sur sa première lettre, *il déclarait n'avoir jamais publié de lettre sur le Père de Bray!*

Nous avions en main une arme pour répondre à cette nouvelle affirmation. — Nous nous en servîmes dans la lettre suivante que nous envoyâmes au journal le jour même de notre rentrée en France, c'est à dire le 14 Octobre.

Paris, 14 octobre 1874.

A Monsieur le Rédacteur en chef du journal le *Rosier de Marie*.

« Monseigneur,

» En rentrant d'un voyage à l'étranger, je trouve dans votre journal une nouvelle lettre de M. Deville à laquelle je me vois encore forcé de répondre. J'espère que vous voudrez bien, dans l'intérêt de la vérité, accueillir ces quelques lignes, — les dernières dans tous les cas.

» M. Deville maintient toutes ses assertions, parce qu'elles *lui paraissent*, dit-il, suffisamment basées. — Il se dérobe au débat et se sert d'un prétexte et non d'une raison pour ne point publier les noms des hauts dignitaires du clergé que je l'avais prié de faire connaître. — Il ne veut pas, dit-il, fournir de preuves. Il ferait beaucoup mieux de dire de suite qu'il ne peut pas en donner. Cet aveu justifierait le certificat de franchise dont il s'est galonné lui-même.

» Quant à la lettre sur le Père de Bray, dont il nie si énergiquement la paternité, il lui sera bien difficile d'expliquer comment il n'a pas protesté quand M. de Portets l'a publiée *in extenso, avec signature*, dans sa deuxième brochure (page 46), en ajoutant (page 50) que cette lettre avait été déjà imprimée, par les soins de M. Deville, dans plusieurs feuilles catholiques françaises, le *Rosier de Marie* entre autres.

» Il y a lieu aussi de s'étonner que M. Deville se soit fait lui-même autrefois le propagateur d'une circulaire qui aurait paru faussement sous sa signature, car je le mets au défi de nier qu'il m'en a donné, *de sa propre main*, un exemplaire que je possède encore, lors d'une visite que j'ai eu occasion de lui faire, il y a environ dix-huit mois, à Toulouse, dans sa maison de la Grande-Rue-de-Nazareth.

» Après cela, peut-être bien en a-t-il perdu le souvenir ; la mémoire fait quelquefois défaut. ... quand on a la chance d'arriver à un grand âge.

» Je ne doute pas, Monseigneur, de l'empressement que vous mettrez à accueillir ma réponse. Dans les questions d'impartialité, et c'en est une ici, je sais que l'on peut entièrement compter sur vous.

» Daignez agréer, Monseigneur, l'expression de mon profond respect.

« CLAUCHAI LARSENAL. »

Le débat en est là ! En en rendant juges nos lecteurs, nous avons tenu à mettre sous leurs yeux les pièces du procès. Et maintenant, nous croyons cette affaire définitivement close. Nous ne discuterons plus avec M. Pillon ni M. Deville, quoi qu'ils disent et nous nous retournons vers M. de Portets.

Nous allons donc examiner les divers griefs que sa troisième brochure relève contre nous.

Ces griefs sont de trois sortes :

1° Défaut de sincérité et de bonne foi.
2° Défaut de logique et de raisonnement.
3° Défaut de cœur et d'esprit chrétien.

Après avoir démontré qu'il n'y a qu'à souffler sur le château de cartes si laborieusement élevé par M. de Portets pour le mettre en ruines, nous jetterons un coup d'œil d'ensemble sur la brochure en général, et nous indiquerons en quelques mots les points qui nous paraissent susceptibles de critique.

Quelle que soit notre opinion cependant, nous répétons ici ce que nous disions en commençant la brochure qui nous a valu de la part de M. de Portets la série d'injures qu'il nous décoche : C'est, que nous soumettons humblement notre jugement à celui de la Sainte Église, dont nous désirons demeurer le fils obéissant, et que nous sommes prêt à rétracter tout ce qui de près ou de loin pourrait ne pas être en accord parfait avec sa doctrine et son enseignement divin.

VI

*La politesse est à l'esprit
Ce que la grâce est au visage :
De la bonté du cœur elle est la douce image;
Et c'est la bonté qu'on chérit.*

Le premier chef d'accusation relevé contre nous est donc un défaut de sincérité et de bonne foi.

Cette accusation est quatre fois renouvelée dans le cours de la brochure de M. de Portets, aux pages 69 et 70, 84, 88 et 92. Nous allons l'examiner et voir ce qu'il en peut rester après quelques minutes d'étude.

Prenons la d'abord dans les pages 69 et 70. Tous nos lecteurs ont du voir que chaque fois que nous avons fait une citation textuelle d'un auteur, nous avons pris soin de la mettre entre guillemets ou en caractères italiques. C'est du reste ce que nous avons fait dans la presque totalité de notre travail.

Une fois seulement, nous avons cru pouvoir analyser un passage de l'œuvre de M. de Portets en quelques mots, et lorsque à la fin du résumé que nous faisions, nous avons voulu appeler l'attention du public, sur l'expression dont s'était servi M. de Portets, nous avons appuyé sur les mots employés par lui, en les soulignant, et en prévenant que c'était là justement les termes qu'on trouvait dans sa brochure. Au surplus voici le paragraphe de notre travail :

» En premier lieu, une brochure publiée à Agen cite, à l'appui de sa thèse du surnaturel divin, un fait qui, à notre humble avis, prouverait plutôt contre. Nous y voyons (page 71) qu'à un moment donné, la Voyante baise la terre, et qu'au même moment, tous, tant ceux qui sont dans l'intérieur de la maison que ceux qui sont au dehors, tombent à genoux et baisent également la terre par un mouvement spontané et irréfléchi.

» Ce n'est pas là un acte qui sente l'action de Dieu; car Dieu veut de nous des actes volontaires et libres.

Le démon seul, opère en nous des actes mécaniques, nous poussant, suivant l'expression même de l'auteur de la brochure, *comme par une commotion électrique.* »

Et voici maintenant celui auquel nous faisions allusion :

» Elle a baisé trois fois la terre ; mais chose remarquable ! toutes les fois qu'elle baisait la terre, tous les assistants se prosternaient pour baiser la terre comme elle ; et ce pieux mouvement se propageait de proche en proche, même en dehors de la chambre, comme si tout ce peuple eut été saisi par une commotion électrique.
. . . .
La foi, comme on le voit, s'affermit de plus en plus » (*2° brochure de M. de Portets, page 71.*)

M. de Portets discute longuement pour déclarer qu'il ne s'est point servi des mots irréfléchi et mécanique pour qualifier le mouvement de la foule ; mais nous avions dit qu'il avait indiqué ce mouvement comme *provenant d'une commotion électrique.* Ces mots de lui étaient soulignés dans notre travail ; il le sait bien, puisque nous avions pris soin de lui envoyer notre brochure ; mais il veut avoir l'air de ne pas comprendre pour se donner le plaisir de guerroyer. Nous voulons, du reste, appeler ici simplement l'attention du lecteur sur le fait matériel qui nous est reproché ; quant au raisonnement boiteux de M. de Portets, et à la signification erronée qu'il prête à nos paroles, nous nous en expliquerons, quand nous aborderons la question du défaut de logique et de raisonnement ; nous ne parlons ici que de la question de bonne foi. En conscience, avions-nous dénaturé le sens de son idée ? Nous ne le pensons pas ; et nous croyons qu'il aura de la peine à le prouver. Nous avons même de son intelligence une trop haute opinion pour supposer un instant qu'il n'a pas saisi notre idée : nous pensons plutôt qu'il avait besoin d'arguments pour nous combattre, et qu'il a été obligé de prendre sans choisir.

VII

M. de Portets nous accuse encore de mauvaise foi à la page 84 de son pamphlet : *Natura non* FACIT *saltus*, disait-il, *natura non* FECIT *saltus* lui faisons-nous dire ; et notre bonne foi est telle, que nous avons dû rechercher notre travail pour voir si oui ou non la faute relevée par lui s'y trouvait réellement. Le changement de lettre, en effet, nous avait si peu frappé en corrigeant les épreuves de notre brochure, que nous ne nous en étions pas même aperçu, et que notre première impression, à la lecture de la lettre de M. de Portets, a été celle d'une erreur de sa part. Il est facile au surplus de prouver notre bonne foi.

Après avoir donné le texte *Natura non fecit saltus*, nous avons justement donné, en français, la traduction même du texte de M. de Portets, c'est-à-dire, que nous avons donné la citation latine *au passé* et la traduction française *au présent* ; si nous avions eu l'intention de falsifier les paroles de M. de Portets, au lieu de traduire la phrase incriminée par ces mots : *La nature ne procède pas par bonds et par sauts*, nous aurions dit : *La nature ne* PROCÉDAIT *point par bonds et par sauts*.

L'erreur et la bonne foi sont ici manifestes, et il faut être bien décidé à *chercher la petite bête* pour s'amuser à de pareilles vétilles. Nous relèverons, dans le cours de la brochure de M. de Portets, des erreurs, en grand nombre, bien autrement sérieuses que ce passé mis au lieu du présent, *alors surtout que la citation se trouve immédiatement rétablie au présent par la traduction française qui la suit*.

VIII

La troisième accusation paraît tout d'abord plus grave ; la voici dans son entier. Instruit par l'expérience, nous ne nous hasarderons pas à l'analyser : nous allons la donner *in extenso*. On lit donc, à la page 92 de la brochure de M. de Portets, les lignes suivantes :

» Au moment de terminer ma réponse aux critiques de M. Larsenal, je reçois un avis direct de Berguille, que je m'empresse de faire connaître à mes lecteurs.

» La Voyante a pris connaissance de la brochure de M. Larsenal, et a relevé beaucoup d'erreurs de fait, sans parler des erreurs d'appréciation. M. Larsenal a brodé à plaisir un dialogue imaginaire, qui ne reproduit pas fidèlement les paroles de Berguille. *Ce qui concerne en particulier le P. de Bray est complètement faux.* La Voyante me prie de rectifier ses assertions erronées. Je le fais d'autant plus volontiers que je trouve dans le témoignage de Berguille une éclatante condamnation de M. Larsenal.

» Je ne veux pas croire à la mauvaise foi de mon adversaire ; il est déjà assez pénible de signaler une pareille légèreté dans l'exposé de faits qui doivent aboutir à de si graves conséquences.

L'accusation est grosse, comme on le voit :
Nous sommes ouvertement traité ici de *menteur*, et il faut nous expliquer. Eh bien ! M. de Portets en sera pour la courte honte d'une calomnie inutile. L'entretien que nous eûmes, le 19 juin, avec Berguille, entretien qui contrarie tant M. de Portets (nous dirons plus tard pourquoi), eut pour témoins un certain nombre d'habitants de Bordeaux. Berguille s'exprimait à haute voix et tous pouvaient entendre ses paroles. Or, avant de livrer à l'impression notre première brochure, nous avons justement pris une précaution qui indique bien à quel point nous tenions à demeurer fidèle à la vérité. Nous nous sommes présenté à Bordeaux chez M. Jules N*** [1], ancien notaire, rue Sainte-Catherine, qui avait

[1] On comprendra que nous n'ayons pas ici à donner au public les noms des personnes dont nous invoquons le témoignage ; mais si M. de Portets veut se donner la peine de les contrôler, nous les tenons à sa disposition personnelle.

assisté à l'entretien, et nous lui avons donné lecture du fameux dialogue. Il l'a reconnu comme l'expression parfaite des paroles qu'il avait entendues. M. l'abbé Pardiac, Aumônier de l'Hôpital Saint-André, qui avait assisté lui aussi à la manifestation du 19 juin, nous a déclaré qu'il n'y avait pas un mot à y reprendre; M. et Mlle G.,., habitant cours de Tourny, ont été du même avis.

« Or, » nous dit l'avocat Bizouard, « d'après la logique » du bon sens et celle de la philosophie la plus élémen- « taire, la certitude d'un fait quelconque s'établit par l'at- » testation de témoins sérieux, probes, intelligents et » éclairés, n'ayant nul intérêt à mentir, et assez nom- » breux pour n'avoir pu se concerter pour tromper. » Toutes ces conditions sont remplies dans notre cas.

Et du reste, avant de parler d'éclatante condamnation de notre sincérité, pourquoi M. de Portets ne précise t-il pas d'avantage son accusation si vague.

Il y a, dit-il, dans notre récit beaucoup d'erreurs de fait, *sans parler des erreurs d'appréciation*. (Il est heureux pour nous que celles-là du moins ne tombent pas sous le coup d'un démenti !) Mais ces erreurs de fait, où sont elles ?

M. de Portets va nous l'apprendre : *Ce qui concerne le P. de Bray en particulier*, dit-il, *est complètement faux*.

Fi ! le gros mot, M. de Portets ! que vous ménagez peu vos expressions ; votre travail ne brille pas, du moins, par la politesse, vous en conviendrez. Mais sans nous occuper de la forme, allons au fond des choses.

Nous reprenons notre brochure, et nous y trouvons (page 31, 4e édition) les seules paroles que la Voyante nous ait adressées relativement au P. de Bray. Les voici de nouveau :

« — Vous avez dit dans le temps que le P. de Bray est appelé par la volonté de Dieu à remplacer Pie IX sur le trône de saint Pierre?

» — Oui, Monsieur, et je le maintiens; mais le P. de Bray ne sera pas le successeur immédiat de Pie IX. A la mort du Saint-Père, il lui sera nommé un successeur qui régnera deux ans et deux mois; c'est après celui-là que sera élu le P. de Bray, *c'est-à-dire celui qui doit être le Grand Pape*, comme Henri V doit être le Grand Roi. Quant à l'époque précise de l'avènement du successeur de Pie IX, je n'ai pas, pour le moment du moins, le droit de la dévoiler.

» — Avez-vous jamais vu le P. de Bray?

» — Oui : dans les visions que j'ai, je le vois souvent aux pieds de la Sainte Vierge, au milieu des Anges; mais personnellement, je ne l'ai jamais vu. Si j'ai pu le désigner ainsi, c'est que son portrait m'a été présenté par diverses personnes, et que j'ai alors reconnu celui qui s'offrait si souvent à ma vue auprès de la Sainte Vierge.

» — Ma pauvre femme, nous connaissons particulièrement le P. de Bray; nous avons été mêlé à l'un des événements de sa vie; nous avons pour lui une vénération très-grande et un respect très-profond. Il peut être un très-saint Prêtre; mais actuellement, bien des hommes sérieux et de très-bonne foi sont persuadés que son esprit est profondément troublé.

» — Dieu a voulu qu'il en fut ainsi, pour mieux montrer que c'est lui-même qui le choisira quand le jour sera venu. Soyez assuré, Monsieur, que c'est un grand Saint. »

Où donc est l'erreur dans ces paroles là, qui ne sont justement que la reproduction de ce que Berguillé avait déjà dit à d'autres et ce qu'elle a, du reste, répété depuis; car nous lui rendons cette justice, elle ne varie pas dans ses déclarations. Les paroles incriminées dans notre brochure comportent seulement trois phrases :

La première est la reproduction exacte, en termes différents, de la phrase suivante que M. de Portets met lui-même dans la bouche de Berguille (2º série de lettres page 32).

La Sainte Vierge m'a dit que le Grand Pape serait le Père de Bray, qui est sorti de la Compagnie de Jésus, que l'on fait passer pour un homme pervers mais qui n'en est pas moins un grand Saint.

Et de celle-ci que nous extrayons de la brochure de M. C. Ferrand, page 19 . *Le 11 Septembre Berguille apprend que le Grand Roi Henry V viendra, etc, etc, etc.*

La 2ᵉ phrase prononcée par Berguille sur le P. de Bray se trouve également dans la brochure de M. de Portets (2ᵉ série, page 42) de suite après sa fameuse citation *natura non facit saltus* à propos de laquelle, il prétend que nous avons dénaturé sa pensée à chaque pas.

La 3ᵉ réponse de Berguille sur le P. de Bray est celle qu'elle nous a faite lorsque nous lui disions que nous avons été mêlé à l'un des événements de sa vie. (Nous avons à la disposition de M. de Portets des lettres du P. de Bray, qu'il nous adressait après la visite que nous lui fîmes à Toulouse en 1872, lettres qui constatent encore, s'il le faut, la sincérité de ce que nous disions à Berguille¹), et la Voyante en nous répondant nous disait seulement que *le P. de Bray est un grand Saint;* mais M. de Portets, qui nie aujourd'hui la vérité de cette parole de Berguille, l'a lui-même reproduite page 32 de son 2ᵉ opuscule, comme nous l'avons déjà dit plus haut.

Au surplus, assez de personnes ont entendu ces trois phrases ; nous avons pour nous *l'attestation de M. Jules N..., de M. l'abbé Pardiac*, de M. et Mˡˡᵉ G ; l'opinion de M. de Portets *qui n'était pas présent ce jour-là*, nous importe peu : surtout lorsque nous voyons que pas un des nombreux témoins de l'entretien n'a protesté contre notre récit.

Nous n'aimons pas, comme M. de Portets, à épiloguer sur les mots ; sans cela, adoptant le système qu'emploie notre adversaire à la page 70 de sa brochure, nous pourrions lui demander ici de nous expliquer comment un dialogue qui n'est pas fidèlement reproduit peut en même temps être imaginaire. — Car, s'il est

---

¹ Ceci pour répondre à M. de Portets qui nous dit, page 89, que nous ne connaissons pas le P. de Bray.

imaginaire, il n'a jamais dû exister, et alors, comment a-t-on pu le *reproduire* ? — Et si cependant, comme il le dit, Berguille nous a parlé, et si notre récit ne reproduit pas fidèlement ses paroles, le dialogue cesse d'être imaginaire. — Mais à quoi servirait cette argumentation ? C'est un moyen que M. de Portets emploie pour voiler la pauvreté de son raisonnement. — Nous signalons l'inconséquence sans y appuyer. — Encore une fois, nous préférons discuter les faits que les mots, et donner à nos adversaires des raisons et non des injures.

Ici encore, au surplus, l'apparition de Fontet a mal inspiré Berguille.

Nous n'avions jusqu'ici jamais mis en doute sa sincérité et sa bonne foi ; mais nous voyons avec peine qu'elle nie ainsi l'évidence, en cherchant à se dégager du récit que nous avons publié.

Si M. de Portets a réellement reçu de Berguille la rectification mensongère qu'il publie à la page 92 de sa brochure, nous y trouvons une preuve que l'Esprit de Dieu ne peut guère être à Fontet, car nos lecteurs voient dans les témoignages que nous invoquons, et dans la précaution prise par nous avant même la publication de notre travail, de quel côté peut être la vérité.

Cela nous rappelle fort à propos que M. Doville a lui aussi nié avoir écrit sur le P. de Bray ; mais que nous avons dû le faire souvenir de certaines circonstances propres à rafraîchir sa mémoire éteinte.

Serait-ce donc un privilége des tenants du Divin à Fontet, de ne pas se souvenir de ce qui, à un moment donné, peut devenir importun ?...

Il est inutile d'insister.

IX

La dernière accusation de mauvaise foi est celle-ci : Nous disions dans notre brochure en parlant du Père de Bray :

» La Sainte Vierge l'envoie dans la Compagnie de

» Jésus comme à une école d'obéissance (c'est le *Rosier*
» *de Marie* qui parle), en lui disant, en 1857 : « *Tu y*
» *entreras pour y apprendre à obéir, afin, plus tard, de*
» *savoir commander;* » et ce n'est qu'en 1873, de l'aveu
» même de la brochure, que ces paroles sont connues.
» Le R. Père les a conservées dans son cœur pour les
» divulguer seulement au moment où les révélations
» de Berguille leur donne un certain caractère de gra-
» vité. Cela ne paraît pas sérieux.
 » Ce n'est point la parole du P. de Bray que nous
» mettons en doute, Dieu nous en garde, c'est l'usage
» imprudent qui en est fait et l'interprétation qu'on
» lui donne que nous signalons. »

M. de Portets nous répond (page 88) :

« Cette critique est d'une insigne mauvaise foi. Je
» n'ai dit nulle part dans ma brochure que les paroles
citées par M. Larsenal n'ont été connues qu'en 1873.
La circulaire de M. Deville, que j'ai reproduite, prouve
au contraire qu'elles étaient connues au moins en 1872.
Donc le P. de Bray ne les a pas conservées en son cœur
pour les divulguer seulement au moment où les révélations de Berguille se sont produites. M. Larsenal
abuse vraiment trop de ce procédé, qui consiste à défigurer la pensée de l'adversaire, pour le combattre plus
facilement. Vous reprochez au P. de Bray son peu de
sincérité ! Commencez donc par donner l'exemple de
la loyauté. »

Notre réponse est bien simple : Nous avons lu la
chose tout au long page 51 de la 2º série des lettres.

Après avoir longuement parlé du P. de Bray, M. de
Portets nous déclare que l'auteur qu'il cite fait allusion
ici à des documents qui ont paru en 1873 dans le
Rosier de Marie, documents dont un abrégé a été
publié sous forme de brochure.

Quant à la circulaire de M. Deville datée du 8 décembre 1872, *c'est-à-dire vingt jours avant le premier janvier 1873*, nous n'allons pas discuter pour si peu de
chose. Nous accordons donc à M. de Portets que le
document le plus ancien qu'il cite porte une date de

vingt-deux jours plus ancienne que l'année 1873, *mais postérieure, cependant, à la sortie du P. de Bray de la Compagnie de Jésus.* Et encore, nous lui ferons observer que cette date du 8 décembre 1872 n'a rien d'officiel et que rien ne lui prouve que le document a été répandu le jour même où il a été daté. Mais, vingt jours importent peu à l'affaire et il faudrait avoir bien peu d'arguments à sa disposition pour ergoter sur de semblables bagatelles. — Accordons à M. de Portets les vingt jours qui lui tiennent à cœur.

Remarquons cependant que nous avons observé dans notre travail que la circulaire du P. de Bray en date du 16 Novembre 1872 avait été la première à parler de tout cela. Or, cette circulaire citée par nous avec date, est de trois semaines antérieure à la circulaire de M. Deville. C'est donc nous qui avons signalé la date la plus ancienne.

Nous n'avons pas trouvé dans la brochure de M. de Portets d'autres accusations de mauvaise foi, et nous nous demandons ce qu'il reste de celles que nous venons d'exposer après ces courtes réflexions.

Nous allons montrer maintenant ce que valent ses autres récriminations.

X

Défaut de logique et de raisonnement :

Ici, il nous faut revenir sur la question du baisement de terre, et nous allons discuter à fond l'argument de notre adversaire.

Voici de nouveau le passage de notre brochure qui a choqué M. de Portets.

« En premier lieu, une brochure publiée à Agen cite,
» à l'appui de sa thèse du surnaturel divin, un fait qui,
» à notre humble avis, prouverait plutôt contre. Nous
» y voyons (page 71) qu'à un moment donné, la
» Voyante baise la terre, et qu'au même moment, tous,
» tant ceux qui sont dans l'intérieur de la maison que

» ceux qui sont au dehors, tombent à genoux et bai-
» sent également la terre par un mouvement spontané
» et irréfléchi.
» Ce n'est pas là un acte qui sente l'action de Dieu ;
» car Dieu veut de nous des actes volontaires et libres.
» Le démon seul, opère en nous des actes mécaniques,
» nous poussant, suivant l'expression même de l'auteur
» de la brochure, *comme par une commotion électrique.*

M. de Portets nous répond page 70 et 71 par les deux aimables alinéas que voici :

» Je n'ai pas dit, que le mouvement de la foule était
» *irréfléchi;* j'ai au contraire qualifié ce mouvement de
» *pieux*, ce qui est bien différent, et suppose au contraire
» la réflexion. A plus forte raison n'ai-je pas dit que ce
» mouvement était *mécanique.* Je me suis servi d'une
» comparaison empruntée à l'électricité, pour peindre
» le mode de propagation du mouvement, mais on ne
» peut en tirer aucune conséquence sur la cause même
» du mouvement. Du reste, M. Larsenal se contredit
» lui-même ; car d'un côté il prétend que ce mouvement
» était *mécanique,* de l'autre il prétend qu'il était *spon-*
» *tané.* Mais s'il était *spontané*, il était volontaire, donc
» il n'était pas *mécanique.* Où est donc la logique de M.
» Larsenal ?
» Mais admettons que la foule ait obéi à un mouve-
» ment irréfléchi, sous l'influence d'une impulsion ir-
» résistible.
« Cet acte, dit M. Larsenal, ne sent pas l'action de
» Dieu ; car Dieu veut de nous des actes volontaires et
» libres. Le Démon seul opère en nous des actes méca-
» niques » Où donc M. Larsenal a-t-il puisé cette doc-
» trine ? Comment ! Dieu n'est pas maître des cœurs et
» il ne peut pas les tourner à sa guise ! Il ne contra-
» rie jamais notre volonté et notre liberté! Mais alors
» comment Saint-Paul a-t-il été terrassé sur le chemin
» de Damas ? Comment les malfaiteurs envoyés pour
» saisir le Christ au Jardin des Oliviers, ont-ils été ren-
» versés à sa voix? Ce sont là assurément des actes in-
» volontaires et irréfléchis ; donc, ils ont été produits
» par le Démon. Ainsi raisonne M. Larsenal. Évidem-
» ment mon adversaire a beaucoup négligé l'étude de

» la philosophie et de la théologie. Mais qui s'occupe
» aujourd'hui de ces baliverses ? Ayez de l'aplomb et
» du verbiage ; vous passerez pour un grand homme. »

Félicitons d'abord M. de Portets du ton calme qu'il sait garder dans la discussion.

Ah ! qu'en termes galants, ces choses-là sont dites ! — serions-nous tenté de nous écrier.

Mais, ne nous occupons pas de la forme, passons de suite au raisonnement.

**

Tout d'abord, nous avons acccouplé au grand scandale de M. de Portets les deux mots *spontané* et *irréfléchi* expliquons notre pensée :

« *Spontané*, dit le *dictionnaire de C. Nodier de l'Aca-
» démie* (édition de 1854), se dit des mouvements qui
» s'exécutent d'eux-mêmes SANS CAUSE EXTÉRIEURE
» APPARENTE. »

C'était justement-là notre pensée.

La foule, avons-nous voulu dire, tombe à genoux sans qu'on puisse s'expliquer pourquoi.

Or, un acte peut être à la fois spontané et irréfléchi ; et c'est parce que l'acte était évidemment irréfléchi, puisqu'il avait lieu subitement *comme par une commotion électrique* que nous l'avons qualifié de *mécanique*.

Ne parlons donc pas de cette querelle de mots — allons au fond des choses et nous verrons que M. de Portets, qui a très-bien compris notre pensée, cherche à la travestir.

Il est évident, en effet, et tout le monde en conviendra, que lorsqu'on cite un passage d'un auteur, quel que soit le soin apporté à reproduire le texte, ce texte perd singulièrement de sa force à se trouver séparé du reste de l'argumentation : Le seul moyen d'obvier à cet inconvénient est au-dessus de la possibilité ; ce serait de publier *in extenso* le travail qu'on réfute.

Or, quand nous avons lu dans la 2ᵉ série (page 71)

des lettres M. de Portets l'acte de la foule que nous avons critiqué au point de vue du Surnaturel Divin, nous avions déjà trouvé à la page 69 la phrase suivante que nous n'avions pas reproduite, ne croyant pas que M. de Portets pourrait si mal comprendre nos paroles :

La Sainte Vierge a recommandé à la Voyante de baiser la terre TROIS FOIS PAR JOUR, ET DE LA FAIRE BAISER PAR TOUS LES FIDÈLES.

La même parole se retrouve aux pages 7 et 8 de la même brochure. — Donc, il s'agissait dans la pensée de M. de Portets *d'un acte de piété* recommandé par la Sainte Vierge, c'est-à-dire non pas d'un mouvement *seulement physique* mais bien d'un acte volontaire libre et *méritoire* car la Sainte Vierge ne peut demander que des actes semblables.

Le fait est certain. — Notre adversaire ne pourra s'empêcher d'en convenir. — Il avait parlé de l'acte du baisement de la terre comme *d'un acte agréable à Dieu*, puisqu'il disait que la Sainte Vierge le recommandait à la dévotion des fidèles; et qu'après l'avoir cité, il embouchait la trompette pour crier à tous et à chacun, à propos de cet acte prétendu de dévotion :

« *La foi s'affirme de plus en plus* (2ᵉ série, page 71) ! »
Or, nous maintenons que quand nous accomplissons des actes semblables, sous l'influence de Dieu ils sont libres et volontaires ; car, dans l'hypothèse d'une pression quelconque de la volonté de Dieu sur la nôtre, la liberté de l'homme se trouverait enchaînée et par suite, il ne pourrait plus mériter ou démériter aux yeux de l'éternelle justice. — *La grâce efficace*, elle-même, agit toujours sans nullement détruire la volonté et la liberté de l'homme. C'est une question parfaitement élucidée, du reste, par tous les traités de théologie. — Quand donc vous nous objectez que Dieu peut tourner le cœur de l'homme à sa guise, n'oubliez pas que tout en étant le maître de nos cœurs, il nous laisse toujours en son

entier notre libre arbitre en ce qui concerne les actes méritoires. —

Quand, au contraire, des actes sont opérés par nous sous l'influence du démon (et vous voudrez bien avouer, nous l'espérons, qu'il en est quelquefois ainsi) ces actes PEUVENT alors *mais alors seulement* être mécaniques, n'ayant aucune valeur au point de vue du mérite ou du démérite. Nous disons *peuvent être* car la volonté de l'homme qui s'unit à la volonté de Dieu pour mériter peut aussi s'unir à celle du démon, et alors ces actes là quoique ayant pour cause principale l'action du mauvais ange cessent d'être mécaniques pour devenir libres.

C'est ainsi que les actes accomplis par un possédé sont évidemment mécaniques, puisque son corps agit sous l'influence du démon sans la participation de la volonté et quelquefois malgré la volonté du patient.

C'est par rapport à ces actes seulement que nous avons dit que le démon seul opère en nous des actes mécaniques : car en ce qui regarde les actes méritoires dont vous nous parlez, Dieu, nous le répétons, les opère toujours en nous d'accord avec notre volonté et notre liberté et non jamais par une *impulsion irrésistible* (3e brochure, page 71).

Ceci établi, l'exemple de saint Paul terrassé sur le chemin de Damas et celui des soldats terrassés au Jardin des Oliviers sont en dehors de la question, car saint Paul n'a point mérité en tombant sur la route, et dans sa parole « Seigneur, que voulez-vous que je fasse? » nous retrouvons encore en son entier la liberté d'action. — Les soldats non plus n'ont rien mérité en tombant à la voix de Notre Seigneur. — Il y a dans ces deux actes de l'irréflexion, de l'involontaire, c'est évident, *mais rien de méritoire* et nous parlions *après M. de Portets* d'actes méritoires et quoi qu'il en pense *libres* par conséquent.

Et puis, si M. de Portets veut que nous allions plus loin, nous discuterons encore le fait à un autre point de vue. L'acte par lequel tout le monde baise la terre en la voyant baiser par la voyante ou par les personnes qui l'entourent, lui dirons-nous, peut être encore un acte purement humain. — L'instinct réel d'imitation peut le produire. — C'est là ce qui arrive souvent dans les grandes assemblées où les émotions sont si communicatives. Et, dans ce cas encore, le surnaturel divin n'aurait rien à y voir.

Il est absurde, du reste, de comparer cet acte de Fontet à celui de saint Paul terrassé sur le chemin de Damas et à celui des malfaiteurs envoyés pour saisir le Christ au Jardin des Oliviers.

Où donc M. de Portets a-t-il vu à Fontet cette lumière foudroyante qui entoure l'Apôtre et le renverse sur la route? Où est à Fontet la majesté divine de la voix du Sauveur qui jette à terre ses ennemis? On le comprend sans peine, il n'y a aucune parité entre les exemples tirés de la Sainte-Ecriture et le fait en discussion. — A quoi servent donc toutes ces grandes phrases et toutes ces injures, sinon à voiler la faiblesse de l'argumentation.

Dans le paragraphe suivant de la page 78 de son travail, M. de Portets nous accuse encore de manquer de logique:

» Quant à l'argument tiré de la tentation de N.-S. Jésus-Christ, il n'a aucune valeur. En permettant au diable de le tenter, le Sauveur avait eu grand soin de voiler sa divinité, et le contact de sa chair sacrée n'a pas dû produire chez le tentateur des hurlements de rage, comme le prétend M. Larsenal. Si le démon avait vu clairement qu'il avait affaire à Dieu, aurait-il osé affronter sa redoutable puissance? Mon contradicteur soutient, il est vrai, que le diable fut forcé de tenter Jésus-Christ par un acte de la volonté divine. Mais qu'en sait-il? Il affirme sans preuve ce qui est tout-à-fait invraisemblable. C'est toujours le même genre de logique. »

La répons... ...aire nous embarrasse moins qu'il ne le pense.

D'après Suarez et tous les commentateurs de la Sainte Ecriture, le Démon savait que le Fils consubstantiel de Dieu, qu'il avait refusé d'adorer dans le Ciel (révolte de son orgueil qui fut la cause de sa chute) devait un jour se faire homme pour racheter le genre humain.

Or, voyant en Judée cet homme extraordinaire appelé *Fils de Dieu* par Dieu le Père lui-même à son baptême et aussi par saint Jean-Baptiste, il *doutait* si c'était là le Fils consubstantiel. Ce fut pour lui un tourment, une croix qui rongeait son esprit superbe. — *Hæc fuit illi crux, angens et rodens superbum ejus animum;* — mais il dissimule ses angoisses et les cache sous le voile de la charité — *Celat et velat tegumento charitatis* (Cornelius a Lapide, *in Math. cap IV*).

Donc, le Démon savait que Jésus-Christ était un saint, quoiqu'il doutât s'il était le fils consubstantiel de Dieu. Par suite, ce doute et ce contact sacré, nous disent les Pères de l'Eglise, furent le plus horrible des supplices pour Satan qui en cacha la torture, étouffant ses hurlements de rage.

Et du reste, le doute du Démon relativement à la Divinité de Notre Seigneur était tel et penchait tellement vers l'affirmative, que dans une autre circonstance, saint Marc et saint Luc nous rapportent cette parole d'aveu qui lui échappe en présence de Jésus-Christ : *Jésus, fils du Dieu Très-Haut*, je vous conjure de ne point me tourmenter. *Jésus, fils de Dieu*, êtes-vous venu me tourmenter avant le temps (S. Luc, VIII 30, S. Marc, V, 7).

Ici, M. de Portets nous dit que le Démon ne fut point *forcé* de tenter Notre Seigneur. — Nous n'avons pas eu l'intention, nous non plus, de dire qu'il y eut là un acte de la suprême autorité de Dieu. — Nous avions seulement voulu exprimer qu'il y eut dans cet acte *plus qu'une permission divine* mais un *acte même de la volonté* de Notre Seigneur. *In illo tempore, ductus est Jesus in desertum* A SPIRITU, UT TENTARETUR *a diabolo*, nous dit saint Mathieu ; et saint Thomas ajoute qu'il s'offrit au tentateur par sa propre volonté : *Quod tentatori se offeret fuit propriæ voluntatis (S. Thomas théol. 3º partie, Q. XLI)*. Nous n'allions pas au-delà de ces paroles, et nous maintenons que le contact de la chair sacrée de Jésus, cette chair qui était toute pureté a dû être pour le Démon une innénarable souffrance, même en supposant avec M. de Portets qu'il avait une ignorance absolue relativement à la personne de Jésus-Christ.

En effet, un aveugle mettant, par hasard, la main sur un fer rouge, en éprouvera à l'instant même une douleur aussi vive, aussi cruelle que celle qu'il aurait ressentie s'il eût été d'abord prévenu de ce contact.

A un autre point de vue, du reste, le raisonnement de M. de Portets tourne encore contre lui ; car, si nous supposons avec lui, pour un instant, que le Sauveur, en permettant au Démon de le tenter, avait eu grand soin de voiler sa Divinité *jusqu'au point* que le contact de sa chair sacrée n'ait pu produire de la douleur chez le tentateur, M. de Portets se verra de suite obligé de nous accorder que le Bon Dieu peut bien aussi voiler pour un instant le pouvoir des choses saintes, *de l'eau bénite, par exemple*, pour laisser agir le Démon, quand il veut se servir de l'action de cette intelligence maudite pour une fin qui échappe à nos faibles vues.

Or, M. de Portets nie le fait d'une façon absolue à la page 91 de sa brochure, page sur laquelle, du reste, nous nous proposons de revenir pour en signaler la perfidie et la mauvaise foi.

XI

Défaut de cœur et d'esprit chrétien.

Arrivons aux pages 79, 80 et 110 de la fameuse brochure qui devait nous écraser sous le poids de l'éloquence foudroyante et de la logique serrée de son auteur.

Ici, Monsieur de Portets devient tout à fait lyrique et touchant !

Commençons par reproduire ses deux pages *in extenso*. Il nous accuserait encore, peut-être, de tronquer son texte.

Voici ce modèle de raisonnement et de logique :

» Autre objection — « Il répugne, ai-je dit, à la déli-
» catesse du sentiment chrétien que Dieu permette au
» démon de prendre la forme de sa divine Mère, et sur-
» tout la forme la plus pure qu'elle puisse revêtir celle
» de son Immaculée Conception, pour séduire et trom-
» per les fidèles; et cela, non pas une fois, mais trente-
» cinq fois (je pourrais bien dire aujourd'hui cin-
» quante), et aux jours des plus grandes fêtes de Marie.
» Celle qui a la mission d'écraser la tête de Satan, souf-
» frirait-elle une semblable dérision, qui serait à la fois
» un horrible piège pour ses enfants et un indigne
» outrage fait à son plus beau privilège ? Je ne le
» pense pas.

» Voilà encore une considération qui affecte désagréa-
blement M. Larsenal. Il reproduit mon argument, en
ayant soin toutefois de le tronquer, ce qui lui ôte une
partie de sa valeur; puis il me lance cette réponse
victorieuse : « Saint Paul se charge lui-même de ré-
» pondre par avance à l'objection : *Satan, nous dit-il,
» se déguise en ange de lumière.* » M. Larsenal n'est vraiment pas difficile en fait de preuves. Est-ce que j'ai
contesté que Satan pouvait se transformer en ange de
lumière ? Pourquoi donc m'opposer ce texte ?

» Saint-Paul a-t-il dit que Satan pouvait se déguiser
en Immaculée Conception et tourner publiquement en
dérision la Très-Sainte-Vierge ? Que mon contradicteur
me montre cette doctrine dans saint Paul, alors nous
pourrons discuter; mais qu'il ne me parle pas de la
lune, lorsque je lui parle du soleil.

» On me dira peut-être, et l'on m'a dit en effet :

« Cette raison de convenance que vous donnez n'est
» pas une raison théologique. » M. Larsenal n'a pas eu
cette idée. Je répondrai avec Pascal : « Le cœur a ses
raisons que la raison ne comprend pas. » Je plains
ceux qui ne comprennent pas les raisons du cœur. Je
pourrais citer un théologien distingué, qui à une

grande sainteté joint un grand cœur, chez lequel la raison de convenance que j'ai fait valoir, a produit une profonde impression. A son avis, il répugne que Notre-Seigneur permette au démon d'outrager ainsi publiquement sa Très-Sainte-Mère, surtout à une époque où resplendit la gloire de son Immaculée Conception. M. Larsenal est d'un avis contraire; cela le regarde; *il ne pèche pas au moins par excès de cœur.* (3ᵐᵉ brochure de M. de Portets, pages 79 et 80.)

Eh bien ! vraiment, quelle que soit la vanité non déguisée de l'auteur, nous ne nous attendions pas à une pareille maladresse et à une semblable audace !

Comment ! vous nous accusez d'avoir tronqué votre argument que nous avons reproduit tout entier à l'exception du mot « 35 fois » qui n'y ajoutait rien et la première chose que vous faites, c'est de dénaturer complètement la réponse que nous y avons opposée.

A votre prétention ridicule de croire, par suite d'un sentiment de fausse délicatesse, qu'il n'est pas possible que Dieu puisse permettre au Démon d'apparaître sous les traits de la Sainte Vierge, nous avions opposé dans notre première édition non seulement le membre de phrase que vous citez mais le paragraphe suivant tout entier :

« Saint Paul se charge lui-même de répondre par avance à l'objection : *Satan, nous dit-il, se déguise en ange de lumière;* et quelquefois même il ose revêtir jusqu'à la similitude du Christ :

» Ce fut, nous le savons tous, sous les traits vénérés
» du Christ que le Démon se fit voir à Martin, au mo-
» ment où l'âme de ce grand Saint allait prendre son
» élan vers la gloire de Dieu.

» Le premier mouvement que doit donc nous inspi-
» rer une apparition, fut-elle celle de la Reine des
» Anges ou de Jésus lui-même, » nous dit M. Gougenot Des Mousseaux, expert en cette matière, « c'est donc
» le sentiment d'une méfiance extrême : Penser et agir
» autrement, c'est pécher contre l'humilité de la façon
» la plus regrettable et la plus périlleuse. »

Et notre seconde édition, parue huit jours après la

première, appuyant plus fortement encore sur la preuve que nous vous donnions ajoutait ces mots :

» Nous trouvons dans les *Révélations*, écrites par sainte Catherine de Bologne, l'aveu qu'elle fut trompée pendant cinq ans par le démon qui lui apparaissait sous la figure de Jésus attaché en Croix, et sous celle de la Sainte Vierge. — (*Lire à ce sujet, la vie de sainte Catherine de Bologne dans les* Petits Bollandistes, *édition de 1866, tome III, page 206. Voir aussi* l'Théol. Myst. de Schram, *tome II, page 292.*) »

La loyauté vous faisait une loi de citer notre argument, pour le réfuter ensuite si possible; mais il vous fallait un triomphe à tout prix, et vous enlevez la majeure partie de notre réponse pour vous donner le facile plaisir de battre en brèche notre brochure.

Vous commencez par supprimer la partie de notre citation qui vous montre *Satan sous les traits de la Vierge Immaculée* ; bien plus, *sous ceux de Notre Seigneur* lui-même ; c'est-à-dire sous une figure incomparablement plus auguste et plus belle que l'auguste et aimable figure de la Reine des Cieux : et puis, tout fier de ce beau coup d'adresse et de bonne foi, vous partez en guerre et vous nous criez, de votre plus belle voix, de vous donner des preuves !

Mais nous en avons les mains pleines, mon cher Monsieur, et si nous vous en donnons seulement quelques-unes ici, c'est que nous sommes honteux pour vous de l'ignorance que vous déployez avec tant de grâce et tant d'humilité surtout.

Et du reste, le *théologien* qui, *argumentant avec son grand cœur*, a bien voulu être si touché par la raison de sentiment que vous étalez pompeusement, aurait dû vous dire, puisque vous l'ignorez, ce qu'il faut entendre et ce qu'entendent en effet tous les commentateurs de la parole de S. Paul, parlant du Démon déguisé en *Ange de lumière*.

Cela eût mieux valu que de vous aider à jouer si pitoyablement sur le mot d'*Ange* que vous interprétez vraiment d'une façon beaucoup trop *littérale*.

Quant à votre système du *raisonnement par le cœur*, le P. Matignon, dans son *Traité du Surnaturel*, vous répond, à la page 387, *que le Christianisme ne favorise pas le sentiment aux dépends de l'intelligence : il est avant tout une doctrine*, vous dit ce savant religieux, « *et cette doctrine commence par s'adresser à la* » *raison pour lui faire réviser ses titres. Toutes les af-* » *fections sont par elle soumises au contrôle sévère de* » *la raison et de la foi : la prudence chrétienne ne* » *permet pas que l'on perde de vue un instant seule-* » *ment ce double phare.* »

En raisonnant par le système de votre *théologien distingué*, on tombe de suite dans le mysticisme tel que l'indique M. V. Cousin; or, le Christianisme est, grâce à Dieu, à l'abri d'un semblable reproche.

Ainsi, vous jugez, dans votre haute sagesse, que le Démon ne peut pas paraître à Fontet sous les traits de la Sainte Vierge. — Vous le déclarez très-haut, en ajoutant que « *vous plaignez ceux qui ne comprennent* » *pas les raisons du cœur.* » Il vous faut cette fois appeler Pascal à votre aide pour appuyer cette proposition. — Vous avouez même qu'elle n'est pas théologique, — et vous terminez votre paragraphe en trouvant que *nous ne brillons pas par un excès de cœur*. Quelle force de logique vous déployez, cher Monsieur !

Il est donc bien entendu que, dans votre conviction, Dieu ne peut pas permettre au Démon de prendre les traits de la Vierge Immaculée, et surtout de les prendre trente ou trente-cinq fois (mettez cinquante fois, cent fois, si vous le voulez), et nous vous montrons, avec preuves à l'appui, qu'il a pu apparaître ainsi, *pendant cinq ans*, à sainte Catherine de Bologne ! Et vous montez sur vos échasses pour nous crier après cela, sur un ton qui serait vraiment comique s'il n'était digne de pitié : *Le cœur a des raisons que la raison ne comprend pas !* C'est donc là votre façon de discuter !

Nous vous citons un fait historique : vous nous répondez par une question de sentiment !

Et vous ajoutez qu'un *théologien distingué* s'est trouvé fortement impressionné par votre raisonnement sur la convenance !

Vous nous donnez alors, d'un ton doctoral, l'opinion de votre ami, qui ne vous remerciera pas du *pavé* que vous lui jetez ainsi à la tête.

Et bien ! si telle est en effet son opinion, nous en sommes fâché pour votre *théologien distingué*, mais il a simplement prouvé qu'il ne connait pas *la vie des Saints* à l'étude de laquelle vous nous renvoyez, *peut-être bien par son conseil !*

S'il l'eut seulement parcourue, il eut haussé les épaules en vous voyant raisonner aussi faiblement et vous eût renvoyé à l'école, car la vie des Saints est pleine de semblables récits.

Nous avons même eu la chance de pouvoir acheter, il y a quelque années, un vieil *in-folio* imprimé à Bordeaux en 1724, ouvrage intitulé : *Les Vies des Saints par le R. P. Proust, religieux Célestin — du couvent de Verdelais —* (Vous voyez qu'à cette époque, on n'avait pas besoin d'habiter les villes pour connaître les Vies des Saints) et nous y avons trouvé, relaté tout au long, le récit de l'apparition du démon à sainte Catherine, sous les traits de Jésus crucifié et sous ceux de la Sainte Vierge.

Le Démon la trompa diverses fois, dit ce pieux religieux, *sous la forme de Jésus-Christ crucifié accompagné de sa Sainte Mère — de manière qu'elle crut véritablement que ce fut Jésus-Christ et la divine Marie ; ce qu'elle témoigne lui être arrivé par une confiance qu'elle avait aux dons de Dieu par laquelle elle se persuadait pouvoir déjouer les tromperies du démon* — (page 23, Mars, colonne I)

C'est à dire, mon cher Monsieur, qu'un saint Religieux *de Verdelais* vous donnait, il y a cent cinquante ans, la même leçon de prudence que M. Gougenot Des Mousseaux dont vous avez trouvé commode de laisser l'avis de côté en reproduisant seulement la première ligne de notre argumentation.

« Le premier mouvement que doit nous inspirer une
» apparition, fut-elle celle de la Reine des Anges ou
» de Jésus lui-même, » vous disait M. Gougenot Des Mousseaux, « c'est le sentiment d'une méfiance extrê-
» me : Penser et agir autrement, c'est pécher contre
» l'humilité de la façon la plus regrettable et la plus
» périlleuse. »

Mais il prêchait dans le désert ! Vous n'avez pas même daigné le lire.

Un de vos amis, nous a bien dit, il est vrai, que nous nous étions appuyé sur la *Vie des Saints* par le P. Giry et que ce n'est là qu'une autorité de second ordre.

Ah ! si nous avions cité le texte des Bollandistes, nous disait-il, c'eût été une preuve certaine : Mais le P. Giry !

Nous n'avons pas voulu vous laisser cet échappatoire.

Nous ne pouvions vous donner un extrait de la Vie de saint Martin par les Bollandistes puisque leur immense encyclopédie n'embrasse encore que les neuf premiers mois de l'année, mais nous avions à notre disposition *la Vie de saint Martin, par saint Fortunat* et nous l'avons feuilletée.

Vous verrez donc le fait cité par nous de l'apparition du Démon à saint Martin sous les traits de Notre Seigneur, rapporté tout au long dans un ouvrage très-curieux que nous vous engageons à faire lire à votre *théologien distingué*.

Cet ouvrage a pour titre : *Œuvres de Paulin de Périgueux suivies du Poème de Ven. Hon. Clem. Fortunat sur la Vie de saint Martin.* — Texte latin avec traduction française de *M. Corpet.* — *Paris, Panckouke,* 1849.

Vous y trouverez le récit très-détaillé de cette apparition dans les pages 286 et 287.

Nous voulions vous dire encore que le fait est également cité par M. Gougenot des Mousseaux, mais nous nous rappelons à temps que vous n'avez pas étudié la mystique diabolique, et que par suite, cet auteur dont la parole fait pourtant autorité, n'est pour vous qu'un inconnu.

En ce qui concerne le fait de sainte Catherine de Bologne, vous verrez dans le *Livre des révélations* de cette Sainte qu'elle avoue avoir été trompée *cinq ans* par le Démon sous la *figure de la Sainte Vierge*.

Ce *Livre des révélations* est cité par nombre d'auteurs peu crédules, y compris *Godescard* et aussi par les Bollandistes. Et, voici le texte latin que nous sommes allé relever à votre intention dans les Bollandistes — et votre *théologien distingué* aura, nous le pensons, la charité de vous assurer que la crédulité n'est pas précisément le côté faible des Bollandistes, surtout dans les premiers volumes de leur œuvre gigantesque. Or, sainte Catherine de Bologne étant fêtée le 9 mars, nous avons trouvé sa vie dans le huitième volume de cette collection qui est, de l'aveu de tous, le plus important monument de la critique historique.

ACTA SANCTORUM. — (Tome II du mois de mars et VIII de la Collection générale.)

DE B. CATHARINA BONONIENSI Virgine Ordinis S. Claræ, etc., etc.

Ter etiam Dæmon, SUB IMAGINE CHRISTI CRUCI AFFIXI, AC MARIÆ VIRGINIS PARVUM JESUM IN AMPLEXU TENENTIS, ILLAM *fefellit, ita ut esse vere Christum ac venerabilem illius Matrem crederet* (page 87, colonne 2).	Trois fois le Démon, empruntant *la figure du Sauveur crucifié et de la Vierge Marie tenant l'Enfant-Jésus dans ses bras*, la trompa et lui fit croire à la présence réelle du Christ et de sa vénérée Mère.

Et plus loin, même page :

Propter quod grave ac nimis longum tulit supplicium, ut pene ad desperationem aliquando velleretur.	La Sainte en fut gravement et largement affligée et fut tentée plusieurs fois de désespoir.

Nous voyons encore dans le même volume (page 49 colonne 2) :

Quam volens Deus nimiam sui fiduciam infregere, ac ostendere, adversarium esse illa multo callidiorem, permisit ut subtilissima eam fraude aggrederetur videlicet ut illi SUB HABITU ET FORMA VIRGINIS MARIÆ SESE OSTENDERET *qui eam alloquens dixit: Si amorem a te vitiosum arceas, virtuosum tibi amorem immittam: et his dictis evanuit.*

Dieu voulant lui inspirer une confiance absolue en sa parole, permit à l'ennemi de nos âmes de s'armer d'une adresse supérieure à la perspicacité de la Sainte et de la séduire par de subtiles louanges. *Le Démon lui apparaissant sous les traits de la Vierge Marie* lui dit: Si tu repousses tout amour coupable, je te gratifierai du saint amour; après avoir dit ces mots il disparut.

Il nous semble que les Bollandistes sont ici assez d'accord avec M. Gougenot des Mousseaux.

Mais poursuivons la citation:

. . . .
. . . . *Cum autem malignus hostis cerneret, quod non tamen illa ob eam rem spem deponeret; aliam adhuc subtiliorem fraudem excogitavit nam, cum quodam mane ingressa esset ecclesiam Virgo, ut oraret, statim* SUB FORMA CHRISTI AFFIXI *illi præsto affuit, bracchia tenens aperta, et coram illa tanquam suspenso similis et quodam amicabili ac benigno astans modo, ut pene videretur eam velle blande capere sic locutus est: o fur, tu cor mihi suffurata es: redde quod mihi surripuisti* (page 49 et 50).

Le malin esprit voyant cependant qu'elle ne succombait pas à la tentation eut recours à une ruse encore plus subtile. Un jour, dès l'aurore, la Sainte étant entrée dans une église pour y prier, *le Démon se présenta à elle sous la forme de Jésus crucifié*, tenant les bras ouverts, comme suspendu à la Croix devant elle, et, lui souriant amicalement, il lui dit pour la surprendre par des paroles flatteuses: ô voleuse, tu m'as ravi ton cœur, rends-moi ce que tu m'as pris (page 49 et 50).

Nous faisons grâce à M. de Portets du dialogue entre la Sainte et le Démon, dialogue rapporté ici par les Bollandistes, nous voulons seulement lui donner encore la phrase suivante:

Cum autem POST LUNGUM TEMPUS CERNERET ADVERSARIUS, *se nondum prorsus prostravisse, illi apparuit* ASSUMPTA ITERUM BEATÆ VIRGINIS FORMA FILIUM IN AMPLEXU PARVUM TENENTIS.	Lorsque malgré de nombreux assauts le Démon s'aperçut qu'elle n'était pas tombée dans le piège, il lui apparut de nouveau *sous la figure de la Bienheureuse Vierge tenant dans ses bras son petit Enfant.*

Page 55, 1re colonne, le *théologien* distingué de M. de Portets pourra encore lire le texte suivant :

SUB FORMA CHRISTI AC MARIÆ VIRGINIS *Diabolus struxit insidias.*	Le Démon lui dressa des embûches *sous l'apparence du Christ et de la Vierge Marie.*

Voici enfin une leçon directe que les Bollandistes adressent à M. de Portets à la page 59, 1re colonne du même volume :

Cogito enim quod cælestia dona antedictæ suæ ancillæ contulisset et tamen post illa permisisset, ut ab hoste antiquo acerrime vexaretur ac deciperetur, qui (SICUT JAM DIXI) SUMPTA CHRISTI FORMA CRUCI AFFIXI, AC MARIÆ VIRGINIS INSIDIATUS ILLI EST *quod non allia quidem causa factum est, quam quo dilla sibi persuadebat posse se Dæmonis dolos, calliditatem ac tentationem superare. Ita enim Deus reprimere illam voluit ac docere opus esse semper timere, ac solum esse Deum qui posset intelligentiam et vires adversus hostes suos ministrare.*	Je pense, du reste, qu'après tant de faveurs accordées à son humble servante, le Ciel permit qu'elle fut tourmentée et jouée par l'antique ennemi du genre humain qui (comme je l'ai déjà dit), lui tendit des embûches *sous la forme du Christ attaché à la Croix et sous celle de la Vierge Marie.* Trompée par cette vision, la Sainte se persuada qu'elle pourrait surmonter les ruses du Démon ainsi que sa fourberie et ses tentations. Dieu voulait par là lui enseigner qu'il est bon de toujours craindre, que lui seul est Dieu et que seul il peut nous éclairer et nous fortifier contre nos ennemis.

Que pensez-vous de cette citation, Monsieur de Portets ? Nous direz-vous encore que *nous vous parlons de la lune tandis que vous nous parlez du soleil ?*

Maintenant, nous avouons très-humblement et très-sincèrement que nous avions mis les questions de cœur de côté pour discuter avec vous des récits historiques.

Vous devez en comprendre la raison ; car vous voyez, cher Monsieur, à quoi peuvent conduire les raisonnements par les questions de convenance lorsqu'on se trouve en présence des faits : tout simplement, à faire tomber dans une grossière erreur un écrivain de talent tel que vous, doublé d'un *théologien distingué* dont la sainteté et le grand cœur ne sont point ici en jeu, mais qui ne brille probablement pas par une grande science hagiographique.

Soyez donc plus humble une autre fois, M. de Portets, et ne prenez donc plus un ton de mélodrame pour vous écrier ; *Quand donc reviendrons-nous aux convenances, à l'humilité et au bons sens ?* Question que vous nous adressez et dans laquelle nous retrouvons sans étonnement l'exquise politesse qui caractérise l'ensemble de votre œuvre.

Après nous avoir débité ce beau raisonnement si touchant, si pathétique sur l'inconvenance du Démon à Fontet, vous nous renvoyez de suite à une étude approfondie de la vie des Saints : nous savions bien, et depuis longtemps par expérience, qu'il y a toujours quelque chose de nouveau à apprendre à cette école, votre *théologien distingué* et vous-même le saurez aussi maintenant, Monsieur ; nous vous l'avons, croyons-nous, suffisamment prouvé.

XII

Permettez-nous maintenant, cher Monsieur, de jeter un coup d'œil rapide sur l'ensemble de votre nouveau travail.

Nous n'avons pas la prétention de le passer tout entier au crible de notre discussion; car, si nous en retirions les injures qui représentent les neuf dixièmes de votre argumentation et les lieux communs qui y tiennent une place très-honorable, votre brochure pèserait bien peu de chose, mise dans la balance d'une critique même très-charitable.

Relevons cependant tout d'abord le paragraphe suivant :

« Les *Écrivassiers* ne manquent pas, hélas! sur Fontet... M. Larsenal, en particulier, paraît avoir fait beaucoup trop de mystique diabolique. Le diable a déteint sur son esprit, et il est parvenu à l'estimer bien au-delà de sa valeur. Il eût été mieux inspiré de lire la vie des Saints et de puiser ses appréciations aux sources mêmes de la vérité. Par là, il aurait appris les merveilles de la bonté divine, et il n'aurait pas été porté à s'occuper autant du diable, très-flatté sans doute de se voir si avantageusement apprécié. » (page 81.)

Nous l'avouons très-sincèrement, nous avons lu relu et étudié même un grand nombre d'ouvrages sur la mystique diabolique. Et quelle que soit l'opinion de M. de Portets qui, nous l'espérons bien, n'est plus ici *doublé* de son *théologien ordinaire et distingué*, nous ne nous en plaignons pas. C'est justement cette étude si dédaigneusement repoussée par M. de Portets, et malheureusement aussi, nous le savons, par un certain nombre de chrétiens, qui nous a conduit, quoi qu'en pense notre *savant* contradicteur et son *docte* ami *le théologien*, à étudier très-attentivement la vie des Saints.

Le Démon qui, comme nous le disions naguère, a fait un chef-d'œuvre en se faisant nier, suivant la parole d'un éminent prédicateur, a su varier à l'infini son action dans le monde.

Tandis que les uns le nient complétement, comme M. le Docteur Béchade, par exemple, d'autres se faisant, sans s'en douter, les alliés de la libre pensée acceptent son action comme ayant eu autrefois une puissance qu'ils ne lui reconnaissent plus aujourd'hui.

C'est même là, s'il est possible, un triomphe plus grand pour le Démon que celui qu'il a obtenu auprès de la libre pensée. — Ceux qui veulent réduirent son action presque au néant sont en effet des chrétiens, mais des chrétiens peu instruits de leur religion, il faut l'avouer. C'est pour cela que le mal qu'ils font d'une manière inconsciente en propageant leur funeste doctrine est plus considérable que celui de la libre pensée qui nie *a priori* et sans examen.

Pour nous, nous pensons qu'il y a moins de danger, nous ne disons pas à craindre le démon, mais à reconnaître à sa puissance sa véritable valeur, plutôt que d'avoir pour lui le dédain que semble lui témoigner M. de Portets; et nous nous en référons à cette parole d'un éminent Religieux Passioniste de Bordeaux :

Dieu a permis à Satan dans notre siècle de se railler des railleurs par d'étranges phénomènes qui ne s'expliquent que par l'intervention de l'esprit du mensonge. (Vie de saint Paul de la Croix, *par le R. P. Louis,* page 449.)

Voilà justement la raison des livres de M. de Mirville et de M. Gougenot des Mousseaux.

M. de Portets qui ne connait pas ce dernier auteur nous dit du bout des lèvres qu'il a lu les œuvres du premier; mais le ton de dédain qu'il met dans cette déclaration nous prouve qu'il se range de lui-même dans la catégorie des personnes qui auraient mieux fait de ne pas ouvrir ces remarquables ouvrages, puisque le sens leur en a échappé.

Les dédains de M. de Portets et de *son théologien ordinaire* ne peuvent atteindre jusqu'à la hauteur d'où ces deux intelligences d'élite, ces deux vigoureux champions de la religion et du bon sens planent sur leurs détracteurs.

Au moment où M. de Portets laissait couler à plusieurs reprises de sa plume élégante un mépris grotesque sur des savants qui ont consacré leur vie à élever contre la puissance du Démon une barrière qui sera leur éternelle gloire, un article nécrologique que publiait l'*Univers* sur M. de Mirville, nous montrait cet homme de science et de piété, objet d'une distinction particulière de Pie IX, recevant en 1870, à Rome, une sorte d'ovation de la part des Pères du Concile.

Quant à M. Gougenot des Mousseaux, il est suffisamment vengé des dédains de M. de Portets.

Le Saint-Père, en le nommant, à l'occasion de son dernier ouvrage, Commandeur de l'Ordre de Pie IX, la plus haute distinction humaine que puisse décerner le Saint-Siège, nous a montré le cas que la Cour de Rome fait des écrits de cet illustre savant, dont la modestie et la science marchent de pair.

L'éminent Père Ventura, le savant Père Peronne du Collège Romain, le Père Voisin ont tous à l'envi célébré ses louanges; et son Eminence le Cardinal Donnet, dont la prudence et la sagesse n'ont d'égales que la bonté, avait, dès 1863, daigné encouragé par des félicitations les efforts de ce courageux athlète qui a consacré tous ses instants à l'étude du Démon. De son côté, Mgr le Cardinal Mathieu écrivait à M. Gougenot des Mousseaux en 1865:

Vous avez, Monsieur, merveilleusement mérité de la Religion, ET ON PEUT DIRE DE LA RAISON.

Lorsque des religieux de la valeur de ceux que nous venons de citer, lorsque des prélats tels que le Cardinal Donnet et le Cardinal Mathieu expriment ainsi par des actes devenus aujourd'hui publics, leurs sympathies profondes pour M. Gougenot des Mousseaux, nous trouvons ce dernier suffisamment vengé des dédains de M. de Portets et *de son théologien ordinaire;* et nous pensons que notre ami s'inquiétera bien peu de l'opinion de notre contradicteur.

XIII

Signalons maintenant une contradiction flagrante entre deux pages de la brochure que nous discutons.

Nous trouvons en effet, à la page 11, le paragraphe suivant :

« D'après les décisions du Concile, tenu à Trente en 1563, il n'est pas défendu de publier par écrit les faits miraculeux, *il est seulement défendu de les admettre comme certains, tant que l'évêque n'y a pas donné son approbation.* »

Après avoir lu chez notre contradicteur ce texte formel, nous pensions que sa nouvelle brochure prendrait une allure moins cavalière que ses deux aînées, et qu'il énoncerait *au moins un doute* qui le mettrait d'accord avec les canons du Concile de Trente qu'il prenait soin de signaler.

De la part d'un auteur catholique, une telle précaution eut été Sagesse ; et nous pensions bien que M. de Portets, *qui connaît sa religion, nous dit-il plusieurs fois*, avait dû obéir à cette loi de prudence.

Quel n'a donc pas été notre étonnement quand nous avons lu, page 34, les phrases suivantes :

« Quelques observations m'ont été adressées au sujet de mes lettres sur la Voyante de Fontet. Je crois devoir, à ce propos, rappeler à mes lecteurs que les opinions émises par moi dans ces lettres, me sont toutes personnelles, qu'elles ne forcent en aucune manière l'adhésion de mes honorables contradicteurs, et *qu'elles n'entravent pas leur liberté de penser*. Chacun peut envisager les manifestations de Fontet à sa guise. Un grand nombre de personnes se plaisent à voir dans ces faits extraordinaires une intervention diabolique. Elles en ont le droit, et je respecte leur sentiment. *Pour moi, j'y vois une intervention Divine. Qu'on veuille bien me permettre de garder mon opinion et de l'exprimer librement.* Le jour où l'autorité ecclésiastique décidera que je me suis trompé (ce qui n'aura pas lieu, je l'espère), je serai le premier à m'incliner devant sa décision et à reconnaître mon erreur. »

Prenez garde, Monsieur de Portets, que devient ici votre respect pour les lois de l'Église qui vous défend d'admettre comme Divins les faits qu'elle n'a pas définis tels? Vous vous soumettrez, dites vous, quand l'Église aura prononcé. — Mais l'Église vous demande de vous soumettre d'avance et de ne pas prononcer vous même ; — non pas, que votre opinion puisse influencer en quoi que ce soit son jugement, mais simplement parceque vous pouvez tomber dans l'erreur, et rendre ainsi à un autre qu'à Dieu un culte qui ne doit s'adresser qu'à la Divinité.

Il est bien plus prudent de *douter* en attendant la décision de l'Église. — Et, plutôt que de risquer d'aller prier le Diable à Fontet, nous pensons que mieux vaut attendre pour y honorer la Sainte Vierge de savoir positivement que c'est bien elle qui y a fait des apparitions.

Vous nous déclarez il est vrai, gracieusement, que votre opinion *n'entrave pas notre liberté de penser, et qu'elle ne force en aucune façon notre adhésion*. — Nous vous sommes reconnaissant de l'autorisation que vous nous octroyez si généreusement, et nous avouons franchement que vous êtes bon prince. — Pendant que vous étiez en si beau chemin, vous auriez pu tout aussi bien nous imposer votre opinion en attendant celle de l'Église, et notre conscience eût été singulièrement alarmée de se trouver en désaccord avec vos idées. — Vous avez eu pitié de nos angoisses. — Merci, Monsieur, Dieu vous tiendra compte de ce bon mouvement !

Mais, lorsque vous protestez de votre soumission *future* à la décision qui sera portée par l'Église ou l'autorité ecclésiastique, appuyez donc vos paroles par des actes et ne venez pas, comme vous le faites à la page 68, déverser le blâme sur la conduite de l'Archevêque de Toulouse, en traitant de SUBREPTICE le bref qui a enlevé l'Archiconfrérie de Notre-Dame des Anges au P. de Bray, en affirmant que ce bref a été obtenu au moyen de la calomnie, et en nous montrant dans la reproduction d'une lettre bien ridicule, que vous vous croyez le droit de critiquer les actes même du Saint-Siége !

Cette lettre, sur laquelle nous reviendrons plus loin, nous représente dans un style empoulé les Anges du Sanctuaire de Pouvourville s'écriant à cause de ce bref que vous n'acceptez pas : Sortons d'ici, Sortons d'ici ; et se transportant alors....., naturellement, à Fontet *pour punir le Diocèse de Toulouse. Acte redoutable de la* JUSTICE DE DIEU, ajoute cette lettre : *le Diocèse de Toulouse a perdu sa couronne !*

Pourquoi donc, puisque vous êtes si soumis à l'Église, voulez-vous vous réserver le droit de choisir dans ses décisions celles qui peuvent vous convenir, et de rejeter les autres en les stygmatisant par une accusation inqualifiable et bien coupable dans la bouche d'un Chrétien ?

Donnez-nous enfin la clef de cette inconséquence, de cette contradiction flagrante entre vos paroles et vos actes ; car le respect *relatif* que vous témoignez ici aux brefs du Saint-Père nous semble tenir beaucoup de cette funeste école libérale, qui n'a pas craint de s'affirmer en osant nommer Pie IX *l'idole du Vatican.*

Et puis, Monsieur, lorsque vous déclarez ainsi ouvertement votre croyance à la divinité des manifestations de Fontet, vous oubliez complètement la parole de prudence admirable que le Saint-Père a lui même prononcée lorsque M. Geneste est venu lui apporter le secret que l'apparition de Fontet a chargé, dites vous, Berguille de lui faire connaître.

Vous reproduisez vous-même cette phrase dans votre brochure (page 49) :

» — Hé ! mon cher enfant, il faut aller doucement avec tous ces miracles, toutes ces apparitions. »

Vous répond le Saint-Père — Et cette parole restera, comme le guide assuré de la conduite de tout homme prudent, en matière d'apparitions et de révélations.

XIV

Arrivons maintenant à la querelle survenue entre l'auteur de la brochure que nous combattons, et M. le Docteur Béchade.

Nous avons, certes, donné assez ouvertement notre opinion sur la conduite, et sur la lettre déplorable de M. le Docteur Béchade, à propos des manifestations de Fontet, pour avoir aujourd'hui notre liberté bien entière. La lettre nouvelle de l'éminent Docteur de Puybarban que nous fait connaître M. de Portets, est vraiment d'un goût douteux; mais son auteur n'a pas à se plaindre : M. de Portets lui répond *sur le même ton.*

Or, nous pensons que la justice doit être rendue à tous, — à nos amis, comme à nos ennemis.

Lorsque M. de Portets a publié les deux premières séries de ses lettres sur la Voyante, il y a pris la situation d'un témoin oculaire. Ceci ressort de la lecture même de son travail. Le Docteur Béchade, qui a assisté lui aussi à quelques manifestations, semble croire que M. de Portets n'a pas *vu* jeter l'eau bénite sur Berguille; nous ne pensons pas qu'il y ait lieu de l'injurier pour cela. M. de Portets ne dit point en effet, qu'il *a vu* jeter l'eau bénite; mais il affirme, *sans dire qu'il était là*, qu'on *a inondé* la Voyante d'eau bénite, le 8 Décembre. Voici en effet le paragraphe de la dernière page de la première brochure de M. de Portets, auquel M. Béchade faisait allusion (nous ne savons trop, du reste, pourquoi).

On a demandé que l'on fît usage de l'eau bénite pendant les apparitions. Pour répondre à ce désir, on a INONDÉ la Voyante d'eau bénite pendant l'extase du 8 Décembre, on a également aspergé le lit et l'apparition.

Monsieur de Portets avait donc présenté le fait de l'usage de l'eau bénite *comme positif*.

Qu'il ait été témoin oculaire ou non, peu importe ; mais quel besoin avait-il de le nier dans les termes élégants que voici :

« Fidèle aux doctrines de Voltaire, dont il suit les
» principes, M. le Docteur de Puybarban ne se gêne
» pas pour travestir la vérité. D'après lui, j'ai dit à la
» dernière page de ma première brochure que j'ai *vu*
» asperger d'eau bénite la Voyante, le lit et l'appa-
» rition.

« Ah ça ! mon cher docteur, vous avez donc *la ber-
» lue ?* Qu'avez-vous fait de cette bonne paire de lunet-
» tes qui vont si bien à la science doctorale ? Vous avez
» lu cela à la dernière page de ma première brochure ?
» Mais il y a de quoi rêver. Relisez, s'il vous plaît, sans
» oublier vos lunettes, et vous *verrez* que je n'ai rien
» *vu* de semblable. Je ne suis certes pas clairvoyant à
» ce point, et vous m'accordez-là un éloge immérité. »

Car *il n'est pas besoin de lunettes*, quoi qu'il en dise, pour lire dans son ouvrage la phrase incriminée par le docteur Béchade.

Nous avouons toutefois ne pas comprendre le but de l'observation de l'éminent docteur.

A ce sujet, constatons encore, pour rendre hommage à la vérité, que M. le Docteur Béchade a en effet demandé le 19 Juin à tous les assistants auxquels il a pu parler à Fontet, de vouloir bien lui désigner M. de Portets. Nous n'excusons pas le mauvais ton de sa lettre à *la Tribune*, mais M. de Portets, qui semble nier la chose, a mauvaise grâce de répondre par un sarcasme à une vérité.

Du reste, à propos de vérité, constatons que si M. de Portets eut été présent à l'extase du 19 Juin, il n'eut pas commis *l'erreur* que nous relevons à la page 43 de sa brochure.

Après avoir raconté la scène émouvante dont nous avions parlé à propos de l'enfant possédée qui fut conduite ce jour-là à Berguille, M. de Portets ajoute :

« La Voyante, toujours en extase, a demandé de
» l'eau bénite. *C'est la première fois qu'on l'a entendu
» parler durant l'extase.* Aussitôt on a détaché le bé-
» nitier appendu à la muraille, et on a versé le contenu
» dans la main de Berguille, qui s'est mise à asperger
» la petite fille. Les contorsions et les cris sont devenus
» plus violents que jamais. Après cette aspersion, il y a
» eu un moment de calme. Quelques instants après,
» Berguille a dit : « De l'eau bénite ! de l'eau bénite !
» priez ! priez ! » On est allé chercher une bouteille
» pleine d'eau bénite, et une personne présente en a
» jeté *à profusion* sur la petite fille, sur le lit et sur la
» Voyante elle-même. »

Ceci est une erreur — Berguille n'a point parlé ce jour-là pendant son extase.

La personne qui a dit : *de l'eau bénite ! de l'eau bénite*, était placée entre le lit et le mur, à côté de celle qui tenait l'enfant.

Nous constatons le fait sans y attacher, du reste, la moindre importance, car peu importe que Berguille ait ou non parlé pendant l'extase.

Mais, après avoir lu la brochure de M. de Portets, nous avons fait appel aux souvenirs de M. l'abbé Pardiac qui, comme nous, se souvient très-bien que Berguille a fait avec la main, SANS PARLER, le signe de plonger le doigt dans l'eau, signe qui a de suite été interprété par les mots — « de l'eau bénite ! de l'eau bénite ! »

Monsieur de Portets a donc tort d'appeler l'attention de ses lecteurs sur une circonstance qui est purement imaginaire.

Il eût mieux fait de ne parler que de ce qu'il a vu ; car M. le docteur Béchade aurait ici beau jeu pour retorquer son argument *et l'engager à prendre lui-même une autre fois des lunettes.*

***

Quant à la prière de Berguille à l'apparition pour lu demander de ne plus revenir si elle n'est pas la Sainte

Vierge, prière rapportée dans les termes suivants par M. de Portets (page 64).

» A un moment donné, elle a levé ses bras vers elle et s'est écrié : « Bonne mère, on dit que je vois le démon ; » si vous n'êtes pas la Sainte Vierge, je vous en supplie, » ne revenez pas. » Alors Marie, jetant sur Berguille un regard plein de douceur et de compassion, a répondu : « Pauvre femme, *vous savez bien que je ne suis* » *pas le démon*; MAIS IL N'EN MANQUE PAS AUTOUR » DE VOUS. »

Nous n'y voyons que l'expression de la simplicité et de la bonne foi de cette pauvre femme, bonne foi que nous n'avons pas discutée.

Mais M. de Portets a-t-il l'intention d'en faire un argument en faveur de sa thèse du Surnaturel Divin ? — Ce serait amusant — Et croit-il le démon assez simple pour accéder à une pareille demande ? — Ce serait de sa part aussi une fameuse naïveté.

Nous reviendrons plus tard sur la réponse faite par l'apparition à cette prière.

XV

Nous avions dit dans notre brochure en discutant la puissance du Démon *qu'il a conservé, malgré sa chute, la plénitude de son intelligence primitive;* M. de Portets ne veut pas admettre la proposition : il nous le déclare d'une façon très-nette dans la phrase suivante :

« Je ne conteste pas l'intelligence du diable, quoique » je n'admette pas qu'il ait conservé, malgré sa chute, » comme le prétend M. Larsenal, *la plénitude* de son » intelligence primitive » (3ᵐᵉ brochure page 73).

Nous regrettons pour lui qu'avant de s'exprimer aussi catégoriquement, il n'ait pas cru devoir recourir de nouveau à son *théologien distingué*, qui lui aurait probablement affirmé que saint Denis, cité par saint Thomas, s'exprime ainsi au sujet de l'intelligence de démons : Les qualités de leur nature demeurent en eux dans leur intégrité : *Dona naturalia in eis integra manent*, et que saint Thomas ajoute : « leur intelligence première, c'est-à-dire l'intelligence qui est dans leur nature n'est ni détruite ni diminuée. » *Prima cognitio, cognitia qua habetur per naturam, non est nec ablata nec diminuta* (*Summ.* 1er part. Q. 64, art. I).

Nous demandons donc bien humblement à M. de Portets l'autorisation de conserver à ce sujet nos idées sans y apporter la moindre modification. Nous préférons l'opinion de S. Thomas et de S. Denis que la sienne. Nous lui ferons seulement observer que ce point accordé, notre argument reprend toute sa valeur, ne lui en déplaise.

⁎

Ici, nous entrons en entier dans l'hypothèse de la présence du Démon à Fontet, et nous constatons à nouveau que M. de Portets a bien mal lu notre brochure.

A propos de guérisons réputées miraculeuses, nous disions :

« *Les Démons peuvent commencer par occasionner le
» mal* après quoi vous les entendez prescrire des remè-
» des qui sont une merveille, — ceux mêmes qui sont
» quelquefois les plus contraires à la maladie — c'est
» là le moment précis où ils interrompent leur action
» malfaisante; le mal cesse, et le monde ébahi, de crier
» au miracle ! » (TERTULLIEN, apolog. ch XXII.)

Et nous ajoutions comme exemple — Le Démon en fait de remèdes peut même *conseiller l'eau de Lourdes.* Vous nous répondez qu'il faudrait pour cela que le Démon put infliger une maladie quinze ou vingt ans à l'avance dans la prévision du moment où il pourra en tirer parti : et puis, ajoutez-vous, Dieu ne consacrerait pas la parole du Diable en produisant un miracle par l'usage de l'eau de Lourdes ou des choses saintes que le Diable aurait conseillées.

Nous vous avions cru plus sérieux, M. de Portets, et nous vous avions fait l'honneur de vous supposer capable de saisir notre raisonnement. — Vous semblez ne l'avoir pas compris, probablement pour vous donner le plaisir de le réfuter — Nous allons donc vous l'expliquer ici.

Vous croyez que le Démon ne peut pas rendre une personne malade quinze ans avant de la guérir — Ce serait, dites-vous, lui accorder le don de la prescience.

Mais si, il y a quinze ans, le Démon a commencé à nous tendre le piége, il a dû prendre ses précautions dès ce moment, dans le but justement de nous tromper à l'époque actuelle.

Cette prévision ne dépasse pas sa puissance ; et nous ne voyons là nullement la connaissance de l'avenir, mais seulement un effort d'intelligence pour disposer les choses de façon à aboutir au résultat qu'il cherche.

Trouvez-vous que quinze ans soit un terme trop long pour la patience du Démon ?

Mais, cher Monsieur, vous qui n'ayant pas lu M. Gougenot des Mousseaux avez eu largement le temps de lire et de relire la Vie des Saints et des Pères du Désert, vous devez bien savoir que le Démon a rôdé pendant un grand nombre d'années autour d'un Solitaire, semblant perdre son temps, et tout cela pour aboutir simplement à lui faire manquer un quart-d'heure de méditation.

Quand à l'eau de Lourdes à laquelle, dites-vous, Dieu n'accorderait aucune vertu si le Démon la conseillait, nous n'avons jamais eu, croyez-le bien, une idée aussi ridicule, et si vous nous la prêtez, c'est à titre purement gratuit.

Nous vous disions : *qu'après avoir occasionné une maladie, le démon cesse son action au moment même où l'on emploie le remède merveilleux par lui conseillé — par suite le mal s'arrête, et le peuple crie au miracle*—Mais il est évident, dans ce cas, que le remède employé *demeure sans valeur*, et que Dieu n'a point à ôter à l'eau de Lourdes sa puissance, puisqu'elle est ici inutile, — *le Démon s'en servant seulement pour voiler ses prestiges.*

Nous n'avions rien exagéré — Le Démon a une puissance que notre imagination humaine ne comprend que difficilement.

Les magiciens de Pharaon firent des miracles eux aussi, — miracles diaboliques, qui furent assez bien préparés pour pouvoir séduire la foule. — Les Camisards des Cévennes, les Jansénistes au tombeau du diacre Pâris, ont également fait des miracles apparents; et Dom La Taste, évêque de Bethléem, nous dit en parlant du démon :

« Un esprit si supérieur à celui de l'homme et qui a
» l'avantage d'être invisible, peut opérer des choses
» incomparablement miraculeuses. Nous ignorons,
» ajoute-t-il même, où finit pour le Démon la limite
» du possible. »

Bizouard, qui cite Dom La Taste dans son quatrième volume des *Rapports de l'homme avec le Démon*, rappelle, page 291, en s'appuyant sur cet auteur, tout ce que la doctrine admet relativement aux révélations sublimes, aux prédictions mélangées de vrai et de faux attribuées à juste titre au Démon.

« Peut-il guérir? « dit Dom La Taste. — « Sans
» doute, il le peut, *et même il le veut.* Car il ne nuit
» jamais mieux à l'âme qu'en faisant du bien au corps. »

Ne nous objectez pas ici que Dieu ne peut donner une telle permission au Démon, parce que ce serait nous séduire et nous rendre très-difficile la distinction entre les vrais miracles et les faux (nous voyons, page 110 de votre brochure, que telle est l'opinion de M. Pillon). Nous vous répondrions avec Dom La Taste que cette séduction apparente n'est pas inévitable *puisque nous avons l'Eglise pour guide*, cette Eglise immortelle, dont les arrêts doivent être pour nous sans appel; et dont, avant de nous prononcer, nous devons *toujours* attendre les décisions souveraines, décisions devant lesquelles seules un chrétien est tenu de s'incliner.

Voilà pourquoi nous disions plus haut à M. de Portets, qu'avant de croire à Berguille nous attendrions patiemment que l'Eglise se soit prononcée.

A ce moment, lui disions-nous, dans la conclusion de notre première brochure, nous inclinerons d'autant plus facilement notre raison devant sa décision, quelle qu'elle soit, que nous n'aurons jamais affirmé d'une façon catégorique l'extra-naturel satanique ou le Surnaturel Divin.

Un auteur qui a fait une étude approfondie de la question, Bizouard, nous dit :

« Si nous examinons les prodiges infernaux que nous
» sommes bien éloigné de vouloir comparer à ceux de
» la puissance divine, on nous accordera qu'il peut
» exister des êtres invisibles, infiniment au-dessus de
» nous par leur pouvoir et par leur intelligence, capa-
» bles de faire des choses prodigieuses. Le *comment*,
» quoique nous ne puissions le comprendre, ne suppose
» ni lois physiques bouleversées, ni lois physiques
» suspendues, mais bien une force qui raisonne ; cette
» force agissant sur la matière *peut guérir des maladies*
» alors que la science humaine serait impuissante à le
» faire » (*Rapports de l'homme avec le Démon*, tome IV, page 330).

Le démon, transformé en ange de lumière, peut établir une doctrine qui paraisse excellente. Celle des *Montanistes* séduisit Tertullien malgré sa haute intelligence, et les hérétiques des premiers siècles donnaient aussi des preuves éclatantes de leur mission.

Gardons-nous donc de crier au miracle parce que nous sommes témoins d'un prodige qui paraît avoir un caractère religieux, car *le Démon peut faire des actes utiles à la morale*, et peu lui importe qu'on fasse certainos bonnes œuvres, pourvu qu'il précipite plus tard dans l'erreur.

Tous les Saints Docteurs disent qu'il entremêle la vérité avec le mensonge ; *qu'il fait annoncer mille vérités manifestes pour induire dans une seule erreur qu'il aura cachée.* — Nous sommes avertis qu'il se transforme en Ange de lumière et que l'Antéchrist fera des prodiges capables de séduire même les élus: *Dabunt signa magna et prodigia*, dit l'Écriture (*S. Math. XXIV, 24.*)

M. de Portets nous objecte que si l'on avait appliqué à la Salette et à Lourdes la maxime de saint Liguori citée par nous, il eut fallu mettre de côté ces deux grandes manifestations de la Sainte Vierge. Nous lui répondrons que la Salette et Lourdes présentent avec Fontet des différences telles qu'il n'y a pas lieu de les comparer.

Est-ce qu'à la Salette et à Lourdes, du reste, on a cherché à entraver l'examen des faits ? — Est-ce qu'on a injurié ceux qui demandaient l'étude des circonstances dans lesquelles le miracle avaient eu lieu ?

Nous voyons l'opposé. — A la Salette, à Lourdes, à Pontmain, on demande un examen approfondi, loin de le redouter, et tout homme de bonne foi est appelé à donner son avis ; car la lumière jaillit des discussions calmes et sérieuses, et l'alarme que notre modeste travail a jetée dans le camp des partisans du Surnaturel Divin à Fontet est, au contraire, de nature à faire réfléchir.

M. de Portets, en effet, n'est pas le seul à nous menacer de la colère de la Sainte Vierge pour n'avoir pas voulu la reconnaître sans examen à Fontet. Nous avons reçu des lettres écrites dans le même esprit avant même la publication de notre première brochure.

M. le Curé de Cauneille (Landes), en particulier, nous faisant parvenir la réponse du R. P. de Bray à notre lettre du 19 juillet dernier, réponse publiée par nous, nous écrivait justement en son nom personnel dans le même sens.

Il est vrai que tout le monde ne partage pas les opinions de M. le Curé de Cauneille ou de M. de Portets.

Un ecclésiastique d'un diocèse voisin nous écrivait le 18 août dernier, dans une lettre dont chaque mot respire la sagesse :

. . . .
. . . . . . « Le fait militaire annoncé par Berguille se
» trouve répété dans toutes les prophéties antérieures.
» En écartant tout autre intermédiaire que Satan,
» comme *ce monsieur* sait très-bien lire et qu'il a l'ouïe
» très-développée, on comprend qu'il puisse, à l'aide
» de ce qu'il entend et lit, arranger assez correctement
» ses mensonges tout en se trouvant le premier trompé,
» ce qui ne l'étonne guère, coutumier du fait qu'il est...
» D'ailleurs, puisque nous avons des dates, nous ne
» devons pas tarder à être fixés. Nous voici à quatre
» mois du premier janvier [1], et Berguille a beau dire,
» Dieu qui est le maître du temps, agissant dans le
» temps, a besoin du temps pour exécuter ses desseins.
» Berguille dit même que Fontet sera pour la guérison
» des âmes comme Lourdes est pour celle des corps. —
» A la bonne heure — mais je remarque que quelques
» jours après les premières apparitions de l'Immaculée
» Conception à Bernadette, il y avait déjà à Lourdes
» des guérisons miraculeuses de maladies corporelles
» réputées incurables... Quelles grandes conversions se
» sont opérées à Fontet ? alors que nous voyons, au
» contraire, *cette Mère de miséricorde* qui annonce que
» Fontet sera pour la guérison des âmes, commencer par
» déclarer qu'une telle personne de La Réole mourra
» dans l'impénitence finale !... Tout semble n'être ici
» que contradiction. . . . . . »

M. de Portets croit-il pouvoir trouver dans cette lettre une preuve en faveur de la thèse du Surnaturel Divin ? Nous ne le pensons pas.

[1] Nous n'avons plus maintenant que six semaines. Cette lettre nous était adressée au mois d'août.

Malgré les menaces de punition divine que nous prodiguent les partisans du Surnaturel Divin et peut-être même par suite de ces menaces, le doute s'accroît tous les jours dans notre esprit.

Nous avouerons même que nous sommes bien tranquille, quoi qu'en dise M. de Portets, car la Sainte Vierge, si c'est elle qui apparaît à Fontet (ce dont il est, pensons-nous, permis encore de douter) ne peut nous en vouloir d'avoir appelé une étude sérieuse sur le fait pour que, si l'apparition est son œuvre, on ne puisse plus le nier.

En écrivant notre brochure dénaturée à dessein par M. de Portets, nous avions eu pour but de chercher d'une part à couper court à un engouement ridicule, et de l'autre, à empêcher qu'on ne condamne sans examen et avec légèreté; notre avis étant que dans des choses aussi graves, un homme sérieux ne peut se prononcer sans connaître les motifs du pour et du contre.

Que les preuves données par nous en faveur du Surnaturel Diabolique aient été plus fortes que celles qui militent pour le Divin, nous ne nous en étonnons pas, car c'est là justement le caractère du fait de Fontet; et sans notre soumission à l'Eglise et le respect profond que nous portons à ses futures décisions, nous aurions pu accentuer notre discussion et faire pencher tout-à-fait la balance de ce côté : Et à ce propos, M. de Portets nous permettra de lui dire que le bruit qui s'est fait autour de notre travail, les colères qu'il a soulevées sont un argument des plus graves en faveur de l'hypothèse du Diable. Et pour répondre à l'argument de sa troisième brochure dans laquelle il nous dit avec Canisius « qu'il y a moins de danger à croire et à
» admettre ce qui est rapporté avec probabilité par des
» personnes vertueuses, sans être *contesté par les savants*,
» et sert d'ailleurs à édifier le prochain, qu'à *le rejeter*
» avec un *esprit dédaigneux* et *téméraire*, » nous lui dirons que nous n'avons l'habitude de dédaigner que les injures; mais que nous ne rejetons pas les faits de Fontet.

Nous nous contentons de ne pas les poser *comme son théologien distingué* seulement devant notre cœur, voulant, suivant le conseil de saint Paul, *nous faire une croyance raisonnable.*

D'ailleurs, et M. de Portets l'avoue, saint Alphonse de Liguori et Canisius permettent d'en agir ainsi si des savants ont contesté les faits. Or, nous connaissons des savants (nous ne parlons pas ici de M. le docteur Béchade) qui ne veulent pas admettre le Surnaturel Divin à Fontet.

Donc, d'après saint Alphonse de Liguori et Canisius, le doute nous est permis et l'argument de M. de Portets frappe encore à côté de la question.

Quant à la contradiction apparente que M. de Portets signale entre un passage des écrits de saint Liguori cité par lui et la maxime du même Saint que nous avions rapportée, contradiction au moyen de laquelle M. de Portets veut chercher à faire croire que notre citation est fausse, nous lui répondrons que cette contradiction disparaît complètement, les deux principes s'appliquant à deux faits divers.

Il est encore une objection que nous avions posée et à laquelle M. de Portets n'a pas répondu.

Après avoir fait remarquer à nos lecteurs la facilité avec laquelle Berguille raconte à tous venants les apparitions dont elle est favorisée, nous opposions à nos adversaires l'opinion de Gerson et celle de Schram.

Lisez de nouveau, M. de Portets ; Voici l'avis de Gerson :

« *Si vous connaissez*, dit-il, *quelqu'un qui se plaise à raconter ses visions, sachez qu'il mérite de tomber dans l'illusion et ne faites pas grand cas des révélations qu'il se vante d'avoir eues.* (Gerson : *De Dis. vis.*, sig. I.) »

Et voici celui de Schram :

« Si l'on est fréquemment ravi en extase dans les lieux
» publics où il y a foule et concours d'hommes, c'est ordinai-
» rement l'indice d'une extase diabolique; car le propre du
» démon est de chercher la gloire dans des choses extérieures
» qui attirent les regards des hommes. » (Docteur Schram :
Théol. myst., t. II, scolie DXCIV, page 407.)|

Rétorquez si vous le pouvez ces deux propositions,
mais ne les passez pas sous silence. — Ne cherchez pas
non plus à détourner vos regards pour en éviter la puissance, car la haute autorité de Gerson et la science
magistrale de Schram nous dominent tous ici.

Pardonnez-nous donc d'insister sur l'opinion de ces
maîtres et de vous citer de nouveau leurs écrits.

On nous dit encore : quel danger voyez-vous à laisser
le public courir à Fontet, même dans le cas d'illusion
diabolique ? Est-ce que lorsque sera venue la date fatale
prédite par Berguille, la chose ne tombera pas d'elle-
même si les événements annoncés ne se réalisent pas ?
Et qu'est-il besoin de venir à l'avance prémunir contre
un danger purement imaginaire ?

Il est encore facile de répondre à cette objection. La
non réalisation des prédictions de Berguille peut être un
coup funeste porté à la foi du peuple par le Démon ; et
la preuve évidente de ce que nous avançons se trouve
dans cette parole même de Berguille, qu'un de nos amis
affirme avoir lui-même entendu sortir de la bouche de
la Voyante, le vendredi, 30 Octobre, et ce, en présence
de plus de quarante personnes, nous dit-il : *je suis tellement sûre de la vérité de l'apparition*, a dit la Voyante,
*que si le premier Janvier, Henri V n'est pas sur le
trône, si les événements que la Sainte Vierge m'annonce
ne sont pas accomplis, je ne veux plus croire même à
l'Eglise, car j'ai par devers moi des preuves telles qu'il
n'y a plus de croyance possible si on doit les révoquer
en doute.*

Voilà justement, dans l'hypothèse du Démon, le danger contre lequel nous cherchons à prémunir nos lecteurs. — La perte de la foi ! — Et M. de Portets nous avouera, pensons-nous, que la possibilité seule d'un semblable péril peut légitimer notre cri d'alarme.

Et, du reste, que répondra-t-il à la presse irréligieuse si, le 1er janvier se passant sans que les événements prédits par Berguille se soient réalisés, les journaux libre-penseurs viennent insulter Lourdes et La Salette, en s'appuyant sur son propre travail.

Qu'opposera-t-il à la *Gironde* et à la *Tribune* si ces journaux lui disent : Vous vous êtes trompé pour Berguille, vous avez affirmé être vrai ce que vous reconnaissez vous-même aujourd'hui être une erreur ; pourquoi voulez-vous nous obliger à reconnaître davantage la Sainte-Vierge à Lourdes, à la Salette et à Pontmain, qu'à Fontet ?

A ce moment, et toujours bien entendu dans l'hypothèse de manifestations diaboliques à Fontet, l'œuvre du démon aura atteint une partie du but. Il se sera servi de vous, Monsieur de Portets, pour faire nier Lourdes et la Salette par ses adeptes, et pour affaiblir la foi chez une partie des chrétiens.

Voilà pourquoi, encore un coup, nous avons voulu vous rappeler à la prudence.

Au lieu de comprendre que nous combattions dans le même but, vous préférez nous injurier ; votre troisième brochure nous prouve encore davantage l'utilité de la nôtre.

Elle aura, du moins en partie, conjuré le danger auquel vous nous avez exposés si les manifestations étranges de Fontet viennent plus tard à être mises par l'Eglise sur le compte de l'esprit malin.

*

Il est aussi une accusation qui serait indigne si elle n'était ridicule. C'est celle qui nous prête une opinion que nous n'avons pas au sujet de l'efficacité du signe de la Croix.

Que M. de Portets veuille bien relire notre travail, il n'y trouvera pas un mot qui lui permette de dire comme il le fait :

» Est-il possible, maintenant, d'admettre que Ber-
» guille fasse le signe de la croix avec de l'eau bénite
» immédiatement avant l'extase, qu'elle répète le signe
» de la croix quatorze fois pendant l'extase comme je
» l'ai vu moi-même, et que le Démon, non seulement ne
» prenne pas la fuite, mais encore provoque lui-même
» ces signes de croix ? Car enfin, si l'on dit que le Dé-
» mon est l'auteur des manifestations de Fontet, il faut
» bien admettre qu'il provoque les signes de croix
» comme tout le reste. Soutenir une semblable opinion
» c'est heurter de front le témoignage des plus grandes
» autorités de l'Eglise ; c'est prétendre que le signe de
» la croix n'a plus aujourd'hui l'efficacité qu'il avait
» autrefois ; *c'est dire que nos saints mystères sont en dé-*
» *cadence, et que le démon peut se moquer impunément de*
» *Dieu* et des hommes. C'est l'opinion de M. Larsenal, et
» c'est pour cela que sa brochure se trouve digne d'être
» rangée au nombre des bons livres. M. Larsenal doit
» être satisfait ; il a bien mérité du diable. *(3ᵉ série des lettres de M. de Portets, page 91).*

Nous répondrons à M. de Portets qu'il a travesti indignement notre idée et nous repoussons avec le plus profond dédain *l'opinion qu'il nous prête que nos saints mystères sont en décadence et que le Démon peut se moquer impunément de Dieu.*

Nous le mettons au défi de trouver dans toute notre brochure un seul mot qui l'autorise, même de loin, à soutenir une semblable calomnie.

Mais, puisque telle est sa façon de discuter, nous lui déclarons que nous ne pouvons avoir qu'un souverain mépris pour un mode de discussion qui consiste à prêter à son adversaire une indigne opinion pour avoir le facile plaisir de la rétorquer.

Si nous ne nous trouvions en face d'un homme qui

nous a dit sur tous les tons qu'il est *un catholique éclairé et savant*, nous croirions volontiers qu'il a l'habitude de suivre la fameuse maxime de Voltaire.

« *Calomniez, Calomniez* » *il en restera toujours quelque chose.* »

Si nous nous écartons ici de la modération que nous nous étions imposée, M. de Portets et nos lecteurs surtout nous excuseront en songeant à l'odieuse accusation qu'on nous jette ici à la face, accusation qui provoque, bien malgré nous, notre trop juste indignation.

M. de Portets nous dit encore que nous devrions attendre avec modestie l'avis de l'autorité ecclésiastique.

Ce raisonnement eût pu avoir une valeur dans notre bouche, puisque nous répondions à son travail ; mais dans la sienne, il devient tout simplement une naïveté.

Pourquoi veut-il que nous ne le rappelions pas à la prudence, alors qu'il a cru bon de donner d'un ton sentencieux son opinion entière et de déclarer haut et ferme *qu'il croit à Notre-Dame de Fontet.*

La justice veut l'égalité entre les parties, et si notre liberté de discussion doit-être enchaînée, pourquoi la sienne demeurerait-elle entière ?

Il serait vraiment étrange que ce Monsieur eût le privilége d'imposer ses opinions avec défense de les discuter. Telle est cependant la prétention des partisans du Surnaturel Divin à Fontet :

Liberté pour tous, s'écrient-ils, *pour tous....., excepté pour ceux qui ne sont pas de notre avis.*

Heureusement que la logique de M. de Portets lui est toute personnelle !

Il peut être tranquille ! nous ne lui emprunterons pas sa façon de raisonner.

A la page 77, M. de Portets cherche à répondre à ce que nous lui avions dit au sujet de l'emploi de l'eau bénite.

Notre observation sur la façon dont on a INONDÉ la Voyante le gêne ; il éprouve le besoin de s'en expliquer, et l'explication mérite d'être conservée à l'admiration des siècles futurs.

Il nous répond d'abord :

» *J'ai été un narrateur exact — Pourrais-je dire qu'on*
» *avait employé quelques gouttes d'eau bénite tandis que*
» *la quantité employée était considérable. Il n'est certes pas*
» *venu à mon esprit la pensée d'attribuer une vertu quelcon-*
» *que à cette quantité d'eau bénite.* »

M. de Portets répond encore à côté — et d'abord sa véracité n'était pas soupçonnée.

Nous sommes, du reste, heureux pour lui de cette profession de foi que nous ne lui demandions pas.

Notre savant contradicteur, qui nous déclare connaître si bien sa religion (voir sa brochure page 77), s'est tellement identifié avec tout ce qui se passe à Fontet, qu'il prend pour son compte personnel les critiques qui s'adressent à d'autres.

Voici la page de notre brochure à laquelle il fait ici allusion :

Après avoir cité plusieurs passages des brochures de M. de Portets et de M. C. Ferrand, nous ajoutions.

» La puissance de l'eau bénite dépend surtout de la
» foi de celui qui l'emploie. Or, dans toutes les relations
» que nous avons lues, et dans tout ce que nous avons
» vu, la manière dont on a usé de l'eau bénite prouve
» que c'est toujours de la quantité d'eau dépensée qu'on
» s'est surtout occupé. On parle *d'inonder* la Voyante,
de jeter de l'eau bénite *à profusion*, etc., etc. Eh quoi ! est-ce donc que l'efficacité de l'eau bénite est en rapport avec la quantité employée ? Autant dire que le

résultat obtenu aurait dû être grand, parce que grande était la quantité dépensée. C'est là une erreur profonde ; c'est attribuer la puissance de l'eau à elle-même et non à la grâce que lui communique la parole du prêtre.

M. Ferrand nous parle même d'eau exorcisée LA VEILLE et *expréssement pour être employée chez Berguille*; veut-il dire par là qu'étant toute fraîche, et bénite dans un but spécial, elle devait avoir une puissance plus grande encore que l'eau puisée dans le bénitier d'une église quelconque? (Voir notre brochure, 2ᵉ édition, pages 52 et 53).

Cette critique s'adressait non à M. de Portets, narrateur de l'acte, mais bien aux auteurs de l'acte lui-même : or, nous savons par la lettre de M. de Portets au Docteur Béchade, que s'il rapporte l'expérience comme réelle, non-seulement il ne l'a pas faite lui-même, mais il ne l'a pas même *vu* accomplir.

Donc, ce n'est pas à lui que s'adressait notre observation, et il n'avait pas à se disculper d'une accusation qui ne pouvait l'atteindre

Qu'il soit du même avis que nous au sujet de la vertu plus ou moins grande de l'eau bénite développée d'après la quantité employée, nous en sommes tout fier et vraiment presque orgueilleux. — Nous avons si peu l'habitude d'être d'accord avec lui ! — Mais la critique du fait demeure entière, *et nous la maintenons en son entier* malgré l'opinion de M. de Portets, qui nous dit poliment, comme toujours du reste :

« *Voilà une interprétation lumineuse! Cette idée grotes-*
» *que ne pourrait surgir que dans le cerveau de M. Larsenal*
» *ou de quelque personnage tout à fait étranger aux no-*
» *tions les plus élémentaires du Catéchisme. Que mon sin-*
» *gulier contradicteur veuille bien croire que je connais*
» *un peu mieux les principes de ma religion.*

M. de Portets, qui nous traite ici d'ignorant, profite de l'occasion pour se décerner un brevet de science ecclésiastique. Espérons pour lui qu'il connaît en effet un peu mieux son Catéchisme que la *Vie des Saints* ou la théologie mystique.

Notre critique, disons-nous, demeure entière : nous avions même ajouté une *circonstance remarquable* que nous avions extraite de la brochure de M. Ferrand (pages 22 et 23), circonstance sur laquelle M. de Portets garde un silence prudent. — Nous demandons la permission d'insister.

Voici le passage du travail de M. Ferrand que nous avions incriminé.

« Une personne des plus distinguées, habitant
» Bordeaux, et qui a pour frère un vénérable ecclésias-
» tique, ayant apporté de l'eau bénite *exorcisée la veille*
» *tout exprès* par ce digne prêtre, en aspergea *abon-*
» *damment* la place où devait se tenir l'apparition et la
» Voyante elle-même, ce qui n'altéra en rien. etc.,
» etc. »

Est-ce assez ridicule et assez joli!

M. de Portets sans répondre à ce que nous disions à ce sujet donne ici la brillante explication suivante :

« Si M. Larsenal veut savoir pourquoi on a jeté beau-
» coup d'eau bénite je vais le lui dire : *C'est qu'on a*
» *voulu démontrer à la foule qu'on avait fait réellement*
» *usage de l'eau bénite.* On a voulu que chacun pût cons-
» tater ce fait par ses propres yeux, ce qui n'aurait pas
» pu être, si l'on s'était contenté de quelques gouttes.
» *La chose est très-simple,* comme on le voit : tout le
» monde l'aura comprise, excepté M. Larsenal. »

Nous ne comprenons pas davantage !

Nous ne nous attendions pas à cette raison, et nous avouons franchement que nous ne sommes pas du tout terrassé par sa puissance.

Dans toute la page 77 de la brochure, nous ne voyons qu'une habileté dont nous devons féliciter M. de Portets. C'est la précaution qu'il prend pour dégager sa personne en face de la fausse manœuvre. Il crie bien haut ; Ce n'est pas moi qui suis coupable — puis, il cherche à excuser ceux qui ont commis la maladresse.

Nous acceptons son explication personnelle avec

d'autant plus d'empressement que nous ne l'avions pas accusé de complicité dans la maladresse, mais quant à ceux qui ont cru devoir *inonder* la voyante d'eau bénite pour prouver à la foule qu'on lui en avait jeté quelques gouttes, ce n'est pas l'explication adorable de M. de Portets qui pourra les laver de l'ignorance qu'ils ont déployée.

*
* *

M. de Portets nous permettra de ne pas le suivre dans la comparaison grotesque et surtout *inconvenante* qu'il ose faire du mystère de la Rédemption avec le fait des apparitions de Fontet.

Ici, peut-être, il eût été un peu permis de faire participer le cœur au raisonnement.

Il l'a singulièrement oublié.

Quand nous voyons des hommes instruits et intelligents tomber à ce point dans l'erreur qu'ils peuvent chercher à établir un point de contact entre les actes de la miséricorde divine sur lesquels sont établis les fondements même du catholicisme et les manifestations surnaturelles ou extranaturelles de Fontet, nous désirons ne plus porter la discussion sur un pareil terrain. Le respect enchaîne notre plume; et nous nous contentons d'humilier notre front devant la majesté du Dieu caché qui nous paraît si grand dans les humiliations du Calvaire.

Nous laisserons donc à M. de Portets le bénéfice *et aussi l'inconvenance* de sa comparaison; et nous arrivons à la partie de la manifestation qui concerne le P. de Bray.

XVI

M. de Portets l'a compris; la partie essentielle de la manifestation de Fontet est celle qui regarde le P. de Bray.

C'est pour cela que nous l'avions gardée pour la fin.

Il signale avec angoisses nos arguments à ce sujet ; mais il se garde bien d'y répondre sérieusement. Ce qu'il dit au sujet des critiques que nous avions élevées contre la mission providentielle du P. de Bray, mission qui ne nous paraît pas jusqu'ici bien évidente, peut se diviser en deux parties. Il donne à nos arguments des réponses évasives qui sont à côté de la question, et aussi des réponses injurieuses quand il se sent trop fortement acculé.

Les injures nous importent peu, nous avons l'habitude de les dédaigner ; mais nous ne permettrons pas à M. de Portets de s'échapper grâce à des réponses insidieuses. — Nous demandons donc la permission d'insister et d'obliger M. de Portets à cesser de nous présenter toujours les confusions étranges à l'aide desquelles, sans doute, il espère embrouiller les questions.

Nous allons, s'il veut bien le permettre, suivre sa brochure pas à pas,

Nous ne voulons plus rappeler ici la circulaire de M. Deville sur ce sujet : — cette fameuse circulaire tantôt avouée et tantôt niée par son auteur, à quinze jours d'intervalle, et suivant les besoins de la cause ! — M. de Portets s'appuie sur cette circulaire — il a raison, car quelle que soit l'opinion de M. Deville, nous en affirmons l'authenticité, et, par suite, M. de Portets a le droit de l'invoquer.

Nous regrettons seulement, et de tout notre cœur, que M. Deville n'ait pas cru devoir nous donner, comme nous le lui demandions, les noms des heureux confidents depuis 13 ans des prophéties qui regardaient le R. P. de Bray.

M. de Portets n'a pas rétorqué un seul des arguments que nous avions donnés contre la mission providentielle du P. de Bray.

Nous avions parlé incidemment d'une prophétie qui a eu une assez grande notoriété : nous avons nommé celle de saint Malachie. Sans y attacher, disions-nous, une importance plus grande qu'il n'est raisonnable de le faire, nous l'avions citée parce que l'accomplissement des premières parties de cette prophétie peut servir jusqu'à un certain point de garantie aux dernières.

M. de Portets veut nous répondre sur ce sujet. Il est alors obligé de suivre vis-à-vis de Berguille le procédé de discussion qu'il suit ordinairement vis-à-vis de nous. — Il ne se contente plus de *relater* ses paroles, il veut les *interpréter* : Voici maintenant que le *successeur de Pie IX devra être un antipape !*

Pas un mot de Berguille ne l'autorise à une semblable interprétation : mais il faut avoir raison quand même.

L'explication par les probabilités ou plutôt par l'interprétation fantaisiste n'est pas dans nos habitudes, et nous connaissons très-bien la brochure où M. de Portets a pu trouver la belle explication de *l'antipape* qui permet alors au P. de Bray de *devenir le successeur immédiat de Pie IX*, c'est-à-dire le Grand Pape (ce qui, entre parenthèses, est en désaccord complet avec la révélation faite à Berguille). La brochure qui a permis à M. de Portets cette magnifique explication a pour titre : *Au 17 février le grand avénement* ; elle annonce en effet un antipape pour successeur à Pie IX. Cette brochure a eu, *il y a un an*, un très-grand retentissement auprès des personnes qui sont dans les idées ordinaires de M. de Portets : — Mais si les autorités sur lesquelles notre contradicteur s'appuie présentent une aussi faible surface, nous croyons devoir décliner toute controverse. — Nous n'avons pas l'habitude de discuter dans les nuages.

⁎
⁎ ⁎

M. de Portets cherche aussi à nous expliquer l'anomalie que signalait le passage suivant de notre brochure :

Eh quoi! disions nous, en 1857, le R. P. de Villefort, ce saint et admirable religieux, aurait pu dire au P. de Bray :

« C'est la volonté de Dieu que vous entriez dans la
» Société de Jésus; *mais treize ans après avoir fait vos*
» *premiers vœux, vous en sortirez, afin d'accomplir la*
» *volonté de la Sainte Vierge* (circulaire du R. P. de Bray,
» le 16 novembre 1872), » et le R. Père de Bray, sachant qu'il devait plus tard quitter cet ordre, aurait pu faire alors le serment à Dieu d'y vivre et *d'y mourir.* »

« Il y a là, quoi qu'en pensent M. Deville et M. de Portets, un fait anormal, qui nous paraît bien difficile à expliquer et qui appelle de profondes réflexions. »

Hélas ! quelle triste explication il nous donne; et qu'il est difficile d'en saisir la valeur!

» Le P. de Bray, nous dit-il, savait bien au moment
» où il prononçait les vœux qu'il était dans les desseins
» de Dieu qu'il quittât la Compagnie au bout de treize
» ans, mais, en prononçant ses vœux, il n'avait nulle-
» ment l'intention d'en sortir à une époque déterminée !
» il abandonnait l'accomplissement de ses desseins aux
» soins de la Providence. Il ne pouvait nullement se
» prévaloir de la connaissance qu'il avait de cet avenir
» pour aller contre les desseins de Dieu qui lui ordonnait
» d'entrer dans la Compagnie de Jésus. Il n'a donc pas
» manqué de sincérité — et M. de Portets ajoute :
» *ainsi se trouve mis à néant* le profond argument de
» M. Larsenal ! »

Il trouve que cette explication doit anéantir notre argument?

Nous avouons humblement ne pas comprendre sa démonstration embarrassée *qui ne nous démontre rien*. Notre interrogation demeure entière et nous la reproduisons; nous y ajoutons même celle-ci :

Prière à M. de Portets de nous expliquer, s'il le peut, cette contradiction évidente qui fait qu'au même moment le Bon Dieu demande à un homme un vœu perpétuel, vœu solennel s'il en fut jamais, *EN LE PRÉVE-NANT que ce vœu perpétuel sera levé dans treize ans.*

Que le P. de Bray abandonne ou n'abandonne pas à la Providence l'exécution de ses desseins, là n'est pas la question. Il est impossible qu'un homme prononce *avec conviction* un serment qui l'oblige pour la vie, *quand il sait à n'en pouvoir douter* que dans treize ans il sera relevé de son vœu.

Quoi qu'il fasse, il doit, *s'il a foi dans la promesse qui lui est faite*, avoir toujours présent à la pensée cette idée que, dans treize ans, il sera libre de nouveau, et, par suite, que devient son vœu perpétuel?

Plus loin, nous avions dit que la Sainte-Vierge avait envoyé le P. de Bray dans la Compagnie de Jésus *comme à une ECOLE d'obéissance,* (Ce sont les termes dont s'était servi le *Rosier de Marie*, et, continuant notre récit, nous disions : *Mais l'écolier a bien peu profité de la leçon*. Or, tout le monde comprenait que le mot d'*écolier*, appliqué au P. de Bray dans une semblable occasion n'avait pour lui rien de blessant, car il n'était que la conséquence de ce que nous disions de lui par rapport à l'ordre reçu de la Sainte-Vierge.

M. de Portets, dénaturant nos paroles et le sens que nous leur attribuions, commence par éloigner la première partie de notre argumentation de la dernière, et souligant alors le mot d'*écolier*, qui, ainsi isolé, n'a plus de raison d'être.

Il a blasphémé, s'écrie-t-il, il a traité le P. de Bray d'*écolier!*

Allons, Monsieur de Portets, un peu de bonne foi, s'il vous plaît. Si votre cause est si belle que vous le pensez, pourquoi la ternissez-vous ainsi en dénaturant indignement les intentions de vos adversaires?

Continuons notre étude :

» Les affirmations réitérées de l'apparition au sujet
» de la mission réservée au P. de Bray, disions-nous
» dans notre travail, sentent un peu la mauvaise hu-
» meur. On voit que c'est là le point faible dans la ma-
» nifestation. Dans la voie ordinaire des choses, le Bon
» Dieu et ceux qui parlent sous son action annoncent
» un événement, mais ne s'obstinent pas à le répéter,
» comme pour forcer l'adhésion des masses. Ce procédé
» indique un peu la faiblesse. »

M. de Portets nous répond :

« Si cet argument était sérieux, il s'appliquerait bien plus à Henri V qu'au Père de Bray. Car Berguille a parlé bien plus souvent du premier que du second. Le point faible de la manifestation serait Henri V et non pas le Père de Bray. »

Vous êtes à côté de la question, cher Monsieur, et nous allons vous le prouver.

Commençons d'abord par chercher la cause de la mauvaise humeur de Berguille en insistant sur la mission du P. de Bray.

Cette cause est bien simple.

La prédiction heurtant les idées d'une partie des assistants, ils ont fait à Berguille des objections réitérées. — De là, la mauvaise humeur qu'elle témoigne en répétant sa prédiction. Il n'en est pas autant de la prédiction touchant Henri V. Personne ou presque personne n'a fait d'objection à Berguille à ce sujet.

Qu'elle répète à chaque nouveau visiteur l'affirmation de sa prochaine élévation au trône, nous en sommes persuadé, mais cette prédiction n'étant discutée par aucun ou presque par aucun des visiteurs, il n'y a pas lieu pour elle de la reproduire plusieurs fois. C'est ce qui a eu lieu, du reste, à notre égard.

Berguille nous a parlé d'Henri V, le 19 Juin ; nous avons laissé passer cette parole sans y répondre : Mais nous lui avons fait des observations sur la prédiction regardant le P. de Bray, prédiction qui heurtait un peu notre faible raison.— C'est alors que Berguille a insisté, *et a insisté avec mauvaise humeur.*

M. de Portets veut-il maintenant que nous lui disions pourquoi le public en général ne discute pas ce qui concerne Henri V. C'est que, *sans débattre ici le plus ou moins d'à-propos de cette prophétie,* le public sait très-bien (quelle que puisse être du reste, la destinée de Henri V), que M. le Comte de Chambord annoncé par Berguille comme le *Grand Roi,* est merveilleusement préparé par la Providence à une mission future.

Il y a là harmonie parfaite entre la prédiction et le caractère de celui qui en est l'objet.

Que les événements ne le secondent malheureusement pas dans l'accomplissement de sa mission ; que par suite cette mission ne puisse être accomplie ; là n'est point la question (nous n'avons ni l'intention ni la prétention d'aborder ici un sujet politique, nous ne voulons discuter que le côté religieux.) Mais, le sentiment que Henri V est préparé par la Providence à une grande mission est tellement général, que pas une objection n'est faite à la Voyante à ce sujet.

Le Démon avec sa puissance de conjecture des événements plus grande que la nôtre, aurait donc bien pu mêler le probable à sa prophétie pour aider à la croyance du public, et nous disions à ce sujet dans notre première brochure :

« Quant aux prophéties sur des faits politiques an-
» noncés par l'apparition, bien des personnes, nous le
» savons, attendent leur réalisation pour croire à la
» réalité Divine des manifestations de Fontet. Et cepen-
» dant leur accomplissement ne serait pas une démons-
» tration irréfutable de l'action de Dieu sur Berguille ;
» car le Démon, nous l'avons déjà dit, est une intelli-
» gence bien au-dessus de la nôtre ; et dans des mo-
» ments troublés comme ceux que nous traversons, il
» doit lui être surtout possible de *conjecturer* avec une
» très-grande probabilité, les événements principaux.

» Ce n'est pas à dire que l'avenir puisse lui être connu.
» Non, telle n'est point notre pensée; mais son intelli-
» gence d'Ange, car il n'a rien perdu de ce côté par sa
» chute, peut et doit lui faire tirer des faits actuels des
» conséquences que la faiblesse de notre vue ne peut
» encore prévoir. »

Et nous donnions ensuite l'opinion de saint Thomas.

« Ce grand Saint, de son côté, prétend que le Démon,
» qui dans ses réponses et ses révélations n'a en vue
» que la perte des hommes, dit quelquefois la vérité
» afin de les habituer à avoir créance en lui et les con-
» duire ainsi à des choses nuisibles à leur salut. »

Voilà pourquoi le raisonnement de M. de Portets, qui voudrait appliquer à Henri V ce que nous avons dit du P. de Bray, est complètement en dehors de la question.

Personne n'a contesté ce qu'a dit la Voyante au sujet de Henri V, et *par suite elle n'a pas eu à le répéter avec mauvaise humeur*.

Laissons donc l'argument dans l'ordre d'idée où nous l'avions placé et que M. de Portets y réponde — s'il le peut — en se cantonnant dans ses limites.

Notre adversaire veut alors nous donner des exemples tirés des Saintes Écritures.

Mais où a-t-il vu dans nos pages que nous parlions de mauvaise humeur et de la répétition de la prophétie dans le sens qu'il prête à nos paroles.

Nous lui parlons de la répétition faite par Berguille de sa prédiction aux mêmes personnes, au même instant et avec mauvaise humeur, ajoutions-nous, pour faire comprendre le mouvement d'impatience de la Voyante à laquelle on fait des objections : mais nous ne parlions pas de répétition de la prédiction à des jours différents.

Nous le répétons, nous parlons de l'affirmation réitérée coup sur coup par Berguille.

Or, les exemples cités par M. de Portets à ce sujet sont mal appropriés au cas en discussion — La Sainte Vierge qui a répété plusieurs fois ses avertissements à Lourdes et à La Salette n'a pas insisté sur ses avertissements *plusieurs fois à chaque apparition ;* et c'est la particularité sur laquelle nous avons appelé l'attention.

Après avoir tenté de fuir la discussion sur ce sujet, M. de Portets revient à sa manière première :

« *Le langage de M. Larsenal, conclut-il, indique une* » *ignorance profonde des choses religieuses et beaucoup* » *d'outrecuidance.*

C'est là la façon d'agir de notre adversaire. Quand il ne sait plus quel argument opposer aux nôtres, il a recours à l'insulte. — Il appelle cela *raisonner.*

Laissons-lui cette croyance et maintenons notre affirmation.

Nos lecteurs vont pouvoir constater que tout le travail de M. de Portets présente la même force renversante de logique. — Suivons-le, pas à pas :

« D'un autre côté, cette prédiction heurte [toutes les » lois connues de la Providence. » Avions nous dit :

M. de Portets nous répond :

« *Vraiment ! Et quelles sont ces lois, s'il vous plaît ?* » *M. Larsenal devrait bien nous le dire. Il est par trop* « *commode d'énoncer sur un ton sentencieux des maximes* » *paradoxales, sans apporter aucune preuve à l'appui de ses* » *affirmations. Voulez-vous que je vous dise ce qui est heurté* » *ici ? ce ne sont pas les lois de la Providence, que nous ne con-* » *naissons pas, c'est votre faible raison. Ne pourrait-on pas* » *appliquer la même critique à tous les mystères de la reli-* » *gion ?* »

Toujours le même système ! des injures et non des raisons !

Ajoutons qu'ici les injures sont doublées d'une maladresse.

M. de Portets confond, par mégarde sans doute, deux choses bien différentes. Il a oublié évidemment les plus simples principes de la philosophie. S'il se souvenait de la définition de la Providence, il n'aurait pas commis l'erreur grossière de parler des mystères de la religion à propos des lois qui dirigent *ordinairement* le monde. Les lois ordinaires de la Providence et les mystères de la religion étant, croyons-nous, deux principes différents.

Sa manière d'interpréter ce que nous avons dit des Apôtres est également bizarre ; mais il veut avoir raison quand même, et il lui faut chaque fois parler *à côté de la question* pour *paraître triompher*. Notre idée a été complètement défigurée.

M. de Portets fait encore ici une confusion déplorable. *L'ignorance est un état et non une nature* quoi qu'il en pense.

La nature ici, c'est le caractère même de l'individu. Le naturel et le surnaturel n'ayant qu'un seul et même auteur, il ne peut se contredire lui-même dans son œuvre. C'est une vérité élémentaire en philosophie, et c'est de là que résulte l'harmonie dont nous avons parlé.

Or, nous maintenons que la *façon d'être* du surnaturel est différente dans chacun des Apôtres.

Il est bien facile de voir, par exemple, que lorsque le Sauveur les eut appelés à la grande mission par laquelle ils ont régénéré le monde, chacun d'eux eut en partage un don surnaturel *s'harmonisant*, ainsi que nous le disions, *avec les dons naturels*.

C'est ainsi que les qualités qui distinguent les écrits de saint-Paul, nature ardente et sévère, ne sont pas les mêmes que celles que l'on retrouve dans saint Jean, par exemple, nature douce et aimante.

Les écrits de saint Paul frappent et terrassent le lecteur par la force de l'argumentation. Ceux de saint Jean le séduisent et l'enlèvent par une grâce touchante et naïve.

Voilà des dons surnaturels s'harmonisant avec la nature même de celui qui est l'objet de cette faveur divine. C'est là, justement, ce que nous disions et ce que M. de Portets n'a point compris. Et nous continuons à penser qu'il lui sera difficile de trouver dans le P. de

Bray les qualités *naturelles* requises pour en faire un *Grand Pape*, surtout dans le sens que M. de Portets semble attacher à ce mot de Grand Pape.

Nous voyons avec plaisir que M. de Portets persiste à trouver qu'il n'y a pas là de difficulté ; mais comme il ne s'explique pas et que toute son argumentation se borne à nous répondre : *Si la difficulté est grande aux yeux de M. Larsenal, elle ne l'est pas à mes yeux!* nous avons le regret de n'être pas convaincu par son affirmation qu'aucune preuve ne vient corroborer.

M. de Portets ne discute plus ici ; il maintient ses assertions sans les appuyer. Nous ne voyons là aucune raison pour lui abandonner la partie.

Plus loin, M. de Portets cherche à répondre aux lignes suivantes dans lesquelles nous insistions sur toutes les difficultés qui entourent la nomination du P. de Bray au siège de saint Pierre.

« Comment ne pas comprendre combien grande sera
» la difficulté pour le P. de Bray, de fixer en aussi peu
» de temps les yeux des cardinaux sur sa personne, de
» façon à s'imposer à leur choix pour la chaire pontifi-
» cale, après avoir été regardé par un si grand nom-
» bre, à tort ou à raison, comme atteint d'une grande
» faiblesse d'esprit. C'est vraiment accumuler à plaisir
» les difficultés et vouloir multiplier, sans nécessité, les
» miracles, ce qui est encore bien peu dans la manière
» de faire de la Providence.

» Or, comme nous le dit Benoît XIV, on doit surtout
» se défier des révélations quand on y rencontre des
» choses qui, sans excéder la puissance divine, ne sont
» cependant pas conformes à la sagesse de Dieu et à ses
» autres attributs. »

Notre idée n'a pas été saisie, ou peut-être a-t-elle été trop bien comprise.

Notre adversaire répond d'une manière évasive. *Il trouve que nous avons entassé à plaisir les difficultés!*

Mais nous ne sommes pas coupable de ce crime, cher Monsieur ; les difficultés existent réellement, et ce n'est pas de notre faute, croyez-le bien.

Votre *réponse* ne *répond* pas à l'objection.

Commencez, ou bien par nous prouver que les difficultés n'existent pas, ou bien, écartez-les à nos yeux et nous nous déclarons battu : mais ne venez pas, avec de grands mots, nous dire que « *le Bon Dieu procédera de la même façon que lorsqu'il a voulu arracher son peuple à la domination des Egyptiens.* »

Qu'en savez vous ? — Ce n'est pas là répondre sérieusement à l'objection ; et vous nous obligez à vous la représenter de nouveau :

Nous insistons donc et nous vous demandons de réfléchir à notre argument que nous vous reproduisons puisqu'il est resté debout :

Il est encore une autre question que nous avons posée et à laquelle vous n'avez pas su répondre : nous vous la représentons ici:

» Nous vous demandons, de nouveau, le but de cette
» annonce si sonore d'un pontificat si prochain, pour
» un personnage que rien n'y prépare, et surtout cette
» affirmation si souvent répétée, qu'il est le plus grand
» Saint des temps actuels. Car ce n'est évidemment pas
» pour favoriser son humilité que la Sainte Vierge l'an-
» nonce ainsi *urbi et orbi.*

Au lieu de discuter, vous préférez nous dire des injures. — Nous maintenons notre interrogation, — car nous avons le droit de la faire dans un examen sérieux des faits. — Et vous, Monsieur, qui vous posez en champion de Berguille, vous avez un devoir à remplir. — Celui de répondre, au lieu de lancer l'injure à vos adversaires.

Nous disions encore que la règle des hommes malades n'est pas la même que celle des hommes bien portants, et que, par suite, nous ne comprenons pas les scrupules que le P. de Bray dénonce au public dans sa circulaire du 16 Novembre 1872, quand il dit qu'il craint de perdre son âme en n'observant pas ses règles, à cause de son état de maladie.

C'est là un fait patent que nous constations : La règle des hommes malades n'est pas la même que celle des hommes bien portants. La chose n'est pas discutable ; — aussi M. de Portets, qui le sait bien, prend-il encore à gauche :

« Cela ne vous regarde pas, nous dit-il, est-ce à vous
» à trancher cette délicate question de conscience ? »

Où voit-il ici une question de conscience ? — Le P. de Bray est malade, — par suite, il ne peut suivre la règle de son Ordre — Que peut avoir à faire sa conscience dans le cas ?

Mais, M. de Portets est lancé ; et comme il n'a pas de raison valable à nous donner ; comme nous l'avons mis en face d'un fait brutal qui le gêne, et auquel il ne peut répondre, il va avoir recours à son système ordinaire — il va nous injurier : voici son accès de politesse intermittente qui le reprend :

« Quelle qualité avez-vous, nous dit-il, pour parler
» ainsi, vous, simple laïque, assez peu instruit sur vo-
» tre religion, comme j'ai pu le constater, ne connais-
» sant pas le P. de Bray et complètement étranger aux
» secrets de sa conscience ? Le directeur spirituel du
» P. de Bray était seul juge de la question, et soyez
» sûr qu'il l'a consulté avant de prendre une décision
» aussi grave. Il faut être doué d'une rare dose de con-
» fiance en son propre jugement pour oser infliger un
» blâme à un vénérable religieux à propos d'une sem-
» blable question. Mais M. Larsenal est un homme ex-
» pert dans la direction des consciences ; il a lu le Mar-
» quis de Mirville et M. Gougenot des Mousseaux ! »
(3ᵉ brochure page 89).

Mais vous-même, Monsieur de Portets, qui le prenez de si haut, et qui vous croyez un droit que vous déniez aux autres, celui de trancher les questions, — vous, qui *nous écrasez*, dites-vous, sous le poids de votre argumentation, parce que nous ne sommes qu'un laïque, qu'êtes-vous, vous-même ? Etes-vous donc docteur en théologie? Homme de lettres? Vous en recevez beaucoup, nous dites-vous, — d'aucuns disent que vous en timbrez plus encore — qui êtes-vous, encore un coup? et pour avoir le don de voir sous votre masque, devons-nous faire pèlerinage dans quelque Sanctuaire renommé? Nous irons alors demander cette faveur à Notre-Dame de Verdelais; et nous sommes d'avance persuadé que cette bonne Mère ne nous laissera pas reprendre le chemin du foyer sans nous octroyer notre demande, et sans nous permettre de dévisager le preux qui se fait si vaillant dans l'ombre.

Allons, Monsieur — masque à terre, et voyons qui vous êtes — Si nous avons consenti à en accepter un tout d'abord, c'est bien à notre cœur défendant; mais, ne voyant en face de nous que de faux visages, nous avons voulu attendre pour dire notre nom le moment favorable où nous pourrions demander à nos adversaires de signer leur injuress. — Nous y sommes maintenant. — Parlez, et dites-nous vos titres à l'infaillibilité.

Nous avons écrit, sans autre prétention que celle que tout Chrétien peut avoir, de n'admettre un fait comme divin qu'après décision de l'autorité compétente, ou après un examen sérieux des preuves qui l'appuient.

Notre droit de discuter le cas du P. de Bray, ce droit que vous nous déniez, nous le tenons d'une autorité plus haute que la vôtre. Nous le tenons du P. de Bray lui-même, qui s'est soumis au jugement du public en faisant imprimer et distribuer sa fameuse circulaire aux évêques et archevêques, le 16 Novembre 1872, et *en nous en envoyant à nous-même un exemplaire*. Si nous n'avions pas le droit de discuter ce que le R. P. a écrit dans cette circulaire, pourquoi l'aurait-il rendue publique? Si elle ne s'adressait qu'aux archevêques et aux évêques, pourquoi l'a-t-il envoyée à de simples prêtres, et aussi à beaucoup de laïques?

Nous avions le droit de l'étudier et de la discuter — comme nous avions le droit de discuter votre brochure, et comme vous avez le droit de discuter la nôtre. —

Vous nous le déniez ? donnez-nous des raisons et non pas des injures. Vos raisons pourraient, peut-être, nous convaincre. Vos injures ne font que nous affirmer dans nos convictions.

⁎

Notre intention n'est pas de répéter ici ce que nous avons dit du P. de Bray, mêlé malgré nous dans le débat, et que nous avons dû discuter dans notre dernier opuscule.

Une coïncidence nous frappe cependant ; nous appelons sur elle l'attention sérieuse de nos lecteurs.

Pourquoi tous les partisans du Surnaturel Divin à Fontet, se croient ils tenus à insulter la Compagnie de Jésus qui ne s'occupe nullement de cette manifestation ? Nous en cherchons en vain la raison. Mais, depuis M. Deville jusqu'à M. de Portets, nous les voyons tous tenir la même conduite. M. Deville accuse les Jésuites d'être les auteurs de notre première brochure, M. de Portets leur adresse, à la page 102 de son opuscule, une sévère admonition. Est-ce, parce que le P. de Bray se trouve incidemment mêlé à cette manifestation ?

Nous l'ignorons et nous n'osons guère, en ce qui nous concerne, rechercher trop profondément la raison de cette façon d'agir.

Nous la signalons seulement, et nous croyons que *là encore, il y a matière à de sérieuses réflexions.*

A ce sujet, disons que les dernières pages de la brochure de M. de Portets sont un véritable réquisitoire contre la Compagnie de Jésus.

Nous n'avons pas à la défendre ici ; constatons seulement que les exemples que cite notre contradicteur, exemples par lesquels il croit sans doute l'avoir anéantie, ont été bien mal choisis

La lettre du P. Surin en particulier prouve tout-a-fait contre la thèse soutenue par notre contradicteur.

Le P. Surin qui fut, par une permission divine, possédé du Démon pendant vingt ans, passa pour insensé dans la Compagnie de Jésus. Il fut enfermé, en effet, pendant quelque temps dans sa cellule, dont la fenêtre fut grillée; mais il nous dit, lui-même, que *ce fut de la part de ses supérieurs un acte de prudence;* et la preuve que ces barres de fer mises à la fenêtre de l'infirmerie où il était en traitement avaient une raison d'être, c'est qu'on peut encore voir à Saint-Macaire, près Verdelais, la fenêtre de laquelle il se précipita, pendant un accès de possession, au risque de perdre la vie, et en se brisant une jambe. Qu'importe qu'un frère se soit oublié au point de le frapper; qu'importe qu'un Père Ministre ait quelquefois omis de lui faire donner la nourriture, la différence entre son cas et celui du P. de Bray demeurera toujours immense.

Jamais nous ne trouvons dans la bouche du P. Surin les paroles amères que *nous avons nous-même entendu tomber de la bouche du P. de Bray contre la Compagnie de Jésus.*

Le P. Surin n'a point demandé à être relevé de ses vœux; et il eut souffert mille morts, plutôt que de quitter cette Compagnie de Jésus, qui le persécutait, dites-vous.

Voilà l'attachement aux règles qu'on a juré d'observer. — Voilà la vertu d'obéissance. — Voilà la pierre de touche à laquelle il faut essayer la sainteté.

Vous nous parlez de saint Liguori; mais saint Liguori, persécuté par ses rédemptoristes, n'abandonna point ses règles, lui non plus, et mourut dans le sein de l'ordre qu'il avait fondé.

⁎
⁎ ⁎

M. de Portets arrive enfin à la dernière partie de notre brochure, et veut avoir l'air de discuter nos conclusions.

Voici la bonne foi parfaite et le ton exquis avec lequel il nous discute :

« M. Larsenal arrive enfin à la conclusion. Que va-t-il
» conclure ? Il conclut *que ses raisons ne sont peut-être
» pas tout-à-fait concluantes* (textuel) A la bonne heure !
» voilà qui est parler d'or. M. Larsenal rentre enfin
» dans la vérité et le bon sens; mieux vaut tard que
» jamais. C'est M. Larsenal jugé par lui même. Que ne
» disiez-vous cela dès le début, mon honorable contra-
» dicteur ! Vous m'auriez évité la peine de relever
» *toutes vos calembredaines.* Mais, c'est fait, il est trop
» tard. Malgré cela, le livre de M. Larsenal est, dit-on,
» patronné à Bordeaux par la Société des Bons Livres,
» Le diable doit bien rire ! » (3e *Brochure, page 90.*)

Il appelle cela rendre compte d'un travail !

Deux mots pris au hasard au milieu d'une phrase, et assaisonnés de huit ou dix grossièretés à l'adresse de leur auteur !

Oui, Monsieur, ne vous en déplaise ; les raisons que nous avons données ne *nous paraissent pas tout-a-fait concluantes*. Mais vous oubliez d'ajouter que nous avons donné des raisons *pour* le surnaturel et *contre* le surnaturel et que nous avouons nos doutes *après avoir examiné les deux hypothèses*. Nous ne disions pas seulement que les raisons que nous avons données en faveur du Surnaturel Diabolique ne sont pas tout-à-fait concluantes ; *nous en disions autant de celles que nous donnions en faveur du Surnaturel Divin*, et nous ajoutions : *Ces raisons sont de nature à nous engager à porter une très-grande prudence dans l'appréciation des faits de Fontet.*

C'est cette prudence que le Saint-Père lui même nous recommande, et dont l'Eglise nous fait une loi, que nous vous reprochons de n'avoir pas eue, lorsque vous vous écriez que *dans votre conviction, le fait est Divin* et que vous plaignez ceux qui ne sont pas de votre avis, parce que c'est une preuve qu'ils ne brillent pas par un excès de cœur.

Il vous convient — d'appeler nos raisons des *Calembredaines* — L'expression est du moins triviale, vous dirons-nous pour rester poli — et dans tous les cas, bien peu en rapport avec le sujet en discussion ; mais elle est d'accord avec le ton général de votre œuvre, et nous aurions, par suite, été surpris de ne pas la trouver sous votre plume.

Quant à l'enseignement de l'Église en fait de miracles, nous sommes d'accord avec vous sur ce sujet ; il n'y a entre nous qu'un point en litige, c'est celui du fait de Berguille : Est-elle sous l'action de Dieu ? Est-elle sous l'action du Démon ?

Vous *affirmez nettement* la première proposition. D'autres y voient seulement le diabolique. Pour nous, nous trouvons prudent de ne pas nous prononcer si vite, tout en ayant une certaine propension à y voir une intervention de l'esprit malin.

Vous nous reprochez d'être, un *écrivassier ! autre expression polie !* Nous vous répondons que nous n'avons pas senti le besoin de nous mettre en frais de style ou d'éloquence. Il nous a semblé plus naturel d'exposer simplement les raisons pour et contre.

Il n'y a pas ici une cause à enlever par des efforts oratoires, ni par un grand luxe d'épithètes admiratives. — Est-ce Dieu ? est-ce le Démon ? — Tout est là.

Nous n'avons pas vu en cette affaire le moindre motif d'invectiver contre ceux qui pensent d'une façon qui ne serait pas la nôtre.

Après cela, vous appelez peut-être de l'éloquence les injures et le manque de civilité. De ce côté, reconnaissons-le, votre style s'est élevé à une grande hauteur ; mais, si pour être éloquent, il nous faut, comme vous, aligner une série de mots malsonnants à l'adresse de ceux que nous combattons, nous préférons demeurer poli, et passer pour un *écrivassier*.

M. Pillon, à la page 109 de votre brochure, se croit le droit de sonder notre conscience, et vient dire *qu'il ne connaît pas la pensée intime qui nous a fait agir quand nous avons écrit notre première brochure;* nous ne ferons pas à M. Pillon l'honneur de discuter cette impolitesse. A de semblables injures, on répond par le ..... silence. Disons-lui, cependant, que nos actes n'ont jamais de mobile secret, et que nous avons assez ouvertement donné notre pensée, pour n'avoir pas à nous laver de l'accusation qu'il nous lance. Nous nous contentons de plaindre les lecteurs du *Rosier de Marie*, si leur rédacteur en chef, qui prête aux autres de telles idées, peut en avoir de semblables, et si, en écrivant son pieux journal, il a lui-même un but caché à atteindre.

∗ ∗ ∗

En définitive, Monsieur, dirons-nous à notre adversaire, votre troisième brochure a singulièrement diminué la tâche que nous nous étions imposée.

Pas un de nos arguments n'est détruit; et vous nous en fournissez de nouveaux.

Nous ne pouvons ici vous les indiquer tous; mais, en terminant, nous voulons vous en signaler quelques-uns.

Nous tirons de votre travail de terribles leçons qui pourraient, au besoin, démontrer que Dieu est pour bien peu de chose à Fontet.

Que voyons-nous, en effet, dans votre opuscule?

Nous y trouvons un narrateur des faits, qui, au lieu d'examiner froidement la valeur des motifs qui militent en faveur de l'une ou l'autre opinion en présence, s'occupe seulement à puiser dans un riche répertoire d'épithètes peu gracieuses (pour ne pas dire plus) afin de les jeter à la tête avec prodigalité, à ceux qui osent ne pas penser comme lui, et surtout le dire.

Nous nous demandons alors pourquoi vous le prenez de si haut avec les *audacieux* qui se permettent de douter encore, quand vous, M. de Portets, avez prononcé sur la question et que, *de par la Vierge de Fontet*, vous avez fulminé l'anathème contre les récalcitrants et les indécis, attardés sur le chemin *du Credo*.

Mais vous, Monsieur, *qui avez sans doute grâce et savoir pour traiter à fond et avec logique le fait et tout ce qui en dépend*, pourriez-vous nous dire ce que vous pensez de la réponse suivante que vous mettez dans la bouche de l'apparition (3e brochure, page 64).

Pauvre femme, vous savez bien que je ne suis pas le Démon. MAIS IL N'EN MANQUE PAS AUTOUR DE VOUS ! ! !

Avouez, Monsieur, que c'est peu aimable pour les visiteurs ! Et, vraiment, il nous répugne d'admettre que Marie, si bonne et si douce, caractérise en termes si rudes les personnes qui pourraient désirer plus de lumière, avant de donner une pleine adhésion à la manifestation.

Autre question :

Vous protestez de votre soumission à la décision qui sera portée par l'autorité ecclésiastique. C'est très-bien, et tout chrétien doit en faire autant pour être bon chrétien ; mais il faut que les actes appuient les paroles. — Or, dès qu'une décision semble aller contre votre opinion, on sent moins de soumission. — On verrait même, pour peu qu'on y regardât de près, pas mal de résistance. L'archiconfrérie de Notre-Dame des Anges est enlevée au P. de Bray, — vite, *vous osez déclarer le bref* SUBREPTICE (page 68), et vous déversez le blâme sur la conduite de l'autorité ecclésiastique du Diocèse de Toulouse !

Vous n'hésitez même pas à dire que c'est *en punition de ce crime* que les Anges de Pouvourville s'écrient : sortons d'ici, et viennent se transplanter à Fontet.

Ici, même mésaventure. — L'autorité ecclésiastique défend de recevoir les prêtres et les religieux — on se plaint. — Nous écrivons notre brochure — et les tenants du Divin, de publier que Son Éminence la condamne. Le contraire est vrai ; nous le disons, — rage au camp. — L'autorité défend à Berguille de recevoir, soit ecclésiastiques, soit laïques, — on n'en est que plus acharnés croyants. — Tout cela nous représente un peu l'appel des Jansénistes du jugement du Pape au Pape mieux informé.

Expliquez-nous encore pourquoi Berguille vous charge de nier aujourd'hui les paroles *qu'elle nous a adressées devant témoins.*

Dites-nous, pourquoi vous vous croyez en droit d'annoncer des châtiments à ceux qui ne sont pas de votre avis ; expliquez-nous, *comment vous avez eu l'assurance* que le prêtre dont vous nous parlez à la page 67 a été frappé par la divine Providence, *justement parce qu'il a refusé de croire à Fontet.*

Dites-nous, si vous ne sentez pas comme un vague parfum de *spiritisme* dans la conduite de l'apparition, *répondant*, dites-vous, *à une foule de demandes particulières* (page 18), et si, en écrivant cette phrase, vous n'avez pas eu un involontaire souvenir de cet ancien *oracle de Delphes*, que les Grecs allaient, eux aussi, consulter à chaque instant, pour une foule de cas particuliers.

Parlez-nous de la contradiction que nous trouvons entre les pages 44 et 77 de votre brochure :

Nous voyons page 44, que l'enfant possédée, prise d'un accès de rage, a arraché des mains d'une personne une bouteille d'eau bénite qu'elle s'est mise à boire ; et page 78, vous nous parlez de l'horreur et des convulsions que le Démon éprouve toujours à ce contact : Comment donc, *motu proprio*, se serait-il exposé à cette souffrance qu'il pouvait éviter, en buvant de rage de l'eau bénite qu'on ne lui présentait pas ?

Expliquez-nous la contradiction flagrante existant entre les pages 64 et 109 de votre travail :

Nous lisons page 64 :

La Voyante est arrivée, elle-même, à concevoir des doutes sur la divinité de l'apparition —
et page 109.

Berguille n'a du reste aucune inquiétude au sujet des manifestations de Fontet.

Parlez-nous aussi de la mort de Berguille, annoncée par elle à jour fixe, et n'arrivant pas comme elle l'avait prédite; et dites-nous ce qui vous prouve que Berguille, qui s'est trompée pour cette date, quand elle a fait connaître la *révélation qu'elle venait de recevoir* (textuel, page 65) ne se trompe pas de même pour le reste. Et à ce sujet, nous vous parlerons ici d'un fait analogue qui a occupé il y a trois ans bien du monde à Bordeaux.

Une jeune domestique du cours d'Albret, à Bordeaux, qui, elle aussi, avait été guérie miraculeusement; qui, elle aussi, *avait des visions de la Sainte Vierge, visions dans lesquelles aussi il était question du P. de Bray, qui lui apparaissait*, était entrée en religion au couvent des Carmélites de Libourne. A un moment donné, elle annonça elle aussi sa mort, *en donnant une date fixe*, et ses protecteurs accoururent à Libourne pour être témoins de cette mort miraculeuse; mais la Voyante *oublia elle aussi de mourir au jour fixé;* et plus tard, ceux qui avaient trop facilement cru à ses révélations, furent cruellement désillusionnés.

Ah! Monsieur! Vous nous fournissez, vous le voyez, de nouveaux arguments, sans avoir détruit les premiers; et nous avouons que vous aidez singulièrement à accentuer nos convictions. Nous hésitons encore: mais, n'écrivez pas de grâce une 4ᵉ brochure dans le même esprit des autres; vous nous pousseriez bien vite plus loin que nous ne voulons aller; et vous nous obligeriez, malgré nous, à voir positivement le Démon à Fontet.

XVII

Nos lecteurs l'ont vu: lorsqu'il étudie la partie de notre brochure qui s'occupe de la prédiction relative au P. de Bray, notre adversaire devient à chaque ligne plus fiévreux et plus congestionné.

Ici les insinuations abondent, — les injures se rencontrent à chaque pas.

C'est le mode de discussion de M. de Portets.

Il veut avoir raison en élevant la voix, et pense sans doute nous écraser sous le poids des épithètes malsonnantes.

Pauvre logicien ! lui dirons-nous à notre tour, — plus vous nous injuriez, plus vous donnez de force à notre premier travail.

Vous devez pourtant bien connaître le vieil adage : *tu te fâches; donc, tu as tort* : Pourquoi n'y avez-vous donc pas réfléchi ?

Ah ! c'est que justement, les arguments que nous vous avions opposés venaient porter droit au but, et que vous vous êtes senti atteint. — Alors, vous n'avez plus gardé de mesure, et vous avez frappé à tort et à travers, sans faire attention à ceux que vos traits pouvaient blesser.

Après avoir injurié d'une façon grossière la Compagnie de Jésus, qui n'a rien à voir à Fontet, et qui ne s'en occupe probablement pas du tout, vous avez été conduit à commettre une insigne maladresse. Vous donnez l'hospitalité dans votre travail à la lettre *d'une dame extrêmement recommandable par sa piété et son dévouement aux bonnes œuvres*, dites vous.

Hélas ! la pauvre dame s'est laissé entraîner par un zèle bien indiscret ! Et vous, Monsieur, qui *connaissez votre religion, nous affirmez vous*, vous qui vous posez en redresseur des erreurs des autres, comment avez-vous pu vous permettre de reproduire *en l'approuvant* une semblable épître ?

La voici en son entier, cette lettre ridicule et inconvenante, auprès de laquelle celle du Docteur Béchade est un modèle de sagesse, de piété et de bon goût.

La publication d'un semblable *factum*, croyez-le, Monsieur, porte un coup bien cruel à la cause pour laquelle vous combattez.

M. Béchade a du moins un prétexte pour excuser ses insultes à notre sainte religion. C'est son incroyance.— Mais cette dame *recommandable, dites-vous, par sa piété* qui prend un ton de lyrisme, que nous n'osons traiter de comique vu la gravité du sujet qui nous occupe, et qui s'écrie, comme autrefois les prophètes de Jérusalem.

« Si les prédictions de Berguille se réalisent, le cen-
» tre de l'Œuvre de Notre-Dame-des-Anges sera trans-
» féré à Fontet. Je suis depuis longtemps frappée de
» cette pensée, que *c'est un acte redoutable de la justice*
» *de Dieu* Selon toutes les prévisions, la basilique que
» Notre-Seigneur avait commandé au P. de Bray d'éle-
» ver en l'honneur de sa Mère, devait être construite
» dans le Diocèse de Toulouse, où l'œuvre a été fondée
» par lui; mais il semble que la Très-Sainte Vierge,
» comme la colombe de l'Arche, ne sache plus où poser
» ses pieds divins sur la terre, où les grandes eaux de
» la persécution se sont soulevées pour submerger son
» élu, son ambassadeur, le vénéré P. de Bray.
» Elle a dû prendre son vol vers une autre région,
» et les anges du sanctuaire dépossédé de Pouvourville
» doivent répéter, en pleurant, comme ceux du temple
» de Jérusalem : Sortons d'ici, sortons d'ici. LA PERSÉ-
» CUTION SANS NOM INFLIGÉE AU PÈRE DE BRAY,
» CE BREF SUBREPTICE, ENLEVÉ SOUS LA CALOM-
» NIEUSE IMPUTATION DE FOLIE ET DE MAUVAISE
» ADMINISTRATION DE L'ŒUVRE, sont évidemment
» la cause de ce transport de la Basilique et de l'œuvre
» dans un autre Diocèse, et celui de Toulouse a perdu
» sa couronne. » (3ᵉ brochure de M. de Portets, pages 67 et 68.)

Cette dame est vraiment bien coupable; et vous, Monsieur, comment réparerez-vous le mal que vous venez de faire en publiant cette lettre?

Ah ! la Sainte Vierge, soyez-en sûr, ne vous aurait pas ainsi appris à jeter en quelques lignes le blâme, l'injure et le mépris sur la Sainte Eglise Romaine.

Pour ceux qui connaissent l'histoire de la difficulté survenue entre le P. de Bray et la Compagnie de Jésus, il est facile de comprendre quels sont ceux que *vous* accusez ici.

Nous disons que *vous* accusez ; car en publiant avec approbation, la *triste* lettre que nous venons de reproduire, vous avez assumé sur vous l'immense responsabilité qui revient à son auteur, et vous vous êtes fait le complice des accusations qu'elle contient contre la Compagnie de Jésus, contre l'Archevêché de Toulouse et aussi contre le Saint-Siège.

Cette lettre que vous n'avez pas écrite, devient comme votre œuvre, par suite de l'approbation que vous lui donnez, et du vœu dont vous la faites immédiatement suivre :

« *Plaise à Dieu que le Diocèse de Bordeaux sache conserver ce magnifique trésor! (3e brochure, page 68)*, vous écriez-vous.

Hélas ! si ce sont là les inspirations que vous suggère l'apparition de Fontet, nous craignons fort que le Surnaturel Diabolique ne l'emporte définitivement chez Berguille !

Comment ! la Compagnie de Jésus et l'Archevêque de Toulouse (car c'est de la Compagnie de Jésus et de l'Archevêque de Toulouse qu'il est ici question, vous ne pouvez le nier), comment ! un éminent Prélat et un Ordre religieux après avoir, dites-vous, infligé au P. de Bray *une persécution sans nom*, auraient pu s'associer pour chercher SUBREPTICEMENT à ENLEVER *un bref au Saint-Père afin de* déposséder le P. de Bray de la direction de l'Œuvre de Notre-Dame des Anges ?

Comment ! l'Archevêque de Toulouse et les Pères Jésuites, pour *enlever subrepticement ce bref*, auraient (c'est le mot que nous relevons dans la lettre) osé employer *une calomnieuse imputation de folie et de mauvaise administration* contre le P. de Bray ? Et ils ont pu réussir dans une œuvre aussi coupable ; et le Saint-Siège a pu tomber dans l'embûche qui lui était tendue !

Mais vous accusez-là le Saint-Père d'une faiblesse d'esprit bien grande, ou d'une légèreté bien coupable !

Ah ! s'il était possible D'ENLEVER ainsi SUBREPTICEMENT la signature de Pie IX, *en employant la calomnie et le mensonge*, que deviendraient le respect et la soumission dont nous entourons tous ses décisions souveraines?

Ah ! Monsieur, cherchez à faire croire à de semblables accusations les lecteurs de la *Tribune* ou M. le Docteur Béchade : Vous trouverez là des gens disposés à vous croire, et qui applaudiront à vos efforts, mais alors, ne venez pas nous dire que vous êtes un catholique *connaissant* et *respectant* notre doctrine, vous qui insultez ainsi à tout un Ordre religieux, à un vénérable Archevêque et jusqu'au Saint-Siége lui-même.

* *
*

Voilà une partie de ce que nous avions à vous dire, pour répondre à votre brochure.

Il nous reste encore bien des points à vous signaler. Mais nous ne pouvons consacrer à ce travail que de bien rares loisirs, et le temps et l'espace aussi nous feraient défaut. Nous préférons les réserver pour une prochaine occasion.

Au revoir donc, Monsieur de Portets, et non pas adieu. Nous devons nous retrouver encore une fois, car Berguille nous attend l'un et l'autre, après le 1er janvier 1875.

Novembre 1874.

Bordeaux. — Typ. L. CODERC.